Tomasz Babski

Brot der Einsamkeit

Die Zeilen des verborgenen Lebens

Fromm Verlag

Impressum / Imprint
Bibliografische Information der Deutschen Nationalbibliothek: Die Deutsche Nationalbibliothek verzeichnet diese Publikation in der Deutschen Nationalbibliografie; detaillierte bibliografische Daten sind im Internet über http://dnb.d-nb.de abrufbar.

Bibliographic information published by the Deutsche Nationalbibliothek: The Deutsche Nationalbibliothek lists this publication in the Deutsche Nationalbibliografie; detailed bibliographic data are available in the Internet at http://dnb.d-nb.de.

Coverbild / Cover image: www.ingimage.com

Verlag / Publisher:
Fromm Verlag
ist ein Imprint der / is a trademark of
OmniScriptum GmbH & Co. KG
Heinrich-Böcking-Str. 6-8, 66121 Saarbrücken, Deutschland / Germany
Email: info@frommverlag.de

Herstellung: siehe letzte Seite /
Printed at: see last page
ISBN: 978-3-8416-0625-9

Tomasz Babski

Brot der Einsamkeit

| 1 | Ich bin das Kind der Einsamkeit

O treuer und ewiger Vater.
Du hast mich erschaffen.
Du hast mich gewollt,
sonst würde es mich nicht geben.
Deine göttliche und ewige Welt
trat in meiner Person in Erscheinung.
Du allein hast es entschieden,
dass ich zur Welt kommen sollte.
Niemand konnte Dich beeinflussen.
Niemand hat bei Dir
ein Wort für mich eingelegt,
Deine Stille
hat mich hervorgebracht.
Deine vollkommene Ruhe
hat mich geboren.
Meine Entstehung verdanke ich
Deiner göttlichen Einsamkeit.
Deine Entscheidung,
mich dem Leben zu schenken
war Dein unbeeinflusster Entschluss.
Du hast mich gewollt.
Du hast Dich nach mir gesehnt.
War es Deine Einsamkeit,
die Dich nach mir sehnen ließ?
Ist mein stilles und verborgenes Gewissen
nicht Dein Ort der Einsamkeit in mir?
Ist das nicht ein Ort
der schweigenden und göttlichen Einsamkeit?
Ist es nicht Deine Wohnung
in meiner Tiefe?
Es ist wunderbar,
Eltern zu haben.
Doch Deine Einsamkeit

| 1 | Ich bin das Kind der Einsamkeit

hat mich hervorgebracht.
Die neun glücklichen Monate im Mutterschoß
sind ein stiller Hinweis auf meine Herkunft.
Ist denn nicht jede meiner Nächte
eine zeitweilige Rückkehr
in Deine wohltuende Einsamkeit?
Ist denn mein eigener Tod
nicht der Moment
meines Eintrittes in das heilige Einsamkeitsland?
Es ist wunderbar,
mit den anderen Menschen
und für die anderen Menschen
da zu sein.
Das Geben und Empfangen
macht mich so glücklich,
doch erst in der heiligen Stunde der Einsamkeit
werde ich wieder ich selbst.
Es ist wohltuend
mit den anderen im Gespräch zu sein,
doch meine eigenen Gedanken
werden stets in der heiligen Einsamkeit geboren.
Es ist so gut,
Entscheidungen für die anderen zu treffen,
doch diese Entscheidungen
können nur im einsamen Raum
meines Inneren getroffen werden.
Es ist wohltuend,
mich den anderen anvertrauen zu dürfen,
doch die Verantwortung für mein Leben
habe ich ständig alleine zu tragen.
O gütiger Vater.
Ich bin das Kind
Deiner heiligen Nacht.

| 1 | Ich bin das Kind der Einsamkeit

Ich bin die Frucht Deiner Einsamkeit.
Ich bin ohne Einsamkeit nicht zu denken.
Führe mich, o fantasievoller Vater,
in das duftende Geheimnis der Einsamkeit hinein.
Führe mich
in mein göttliches Herkunftsland zurück.
Lasse mich immer wieder
an meiner Geburtsstunde in Dir teilnehmen,
denn je einsamer ich werde,
umso häufiger werden wir
einander begegnen.
Die Schwester Einsamkeit
ist ja Deine Vorbotin.
Sie ruft Deine Zeit aus.

| 2 | Schmerz der Einsamkeit

O treuer Vater.
Du hast mich gewollt und erschaffen.
Ich bin das Kind
Deiner heiligen Einsamkeit.
Und doch führe ich mein Leben
mit den anderen,
unter den anderen
und oft für die anderen.
Ich brauche die anderen.
Ich will lieben und geliebt werden.
Ich will angeschaut, angehört,
verstanden und berührt werden.
Ich präsentiere mich unentwegt.
Ich investiere Geld und Zeit
in die Gestaltung meines Erscheinungsbildes.
Ich möchte mich den anderen anvertrauen.
Ich verspüre ein intensives Bedürfnis,
mich den anderen mitzuteilen.
Es verletzt mich,
wenn meine Lieben
zu wenig Zeit mit mir verbringen,
zu selten mit mir reden
und nicht an mich denken.
Ich führe mein Leben bewusst
vor den fremden Augen.
Mehr.
Ich mische mich bewusst in die Menge.
Ich passe mich sogar an.
Und manchmal biedere ich mich an.
Ich will einfach dazugehören.
Mein Denken ist oft dominiert von den Fragen:
„Was werden nun
die anderen von mir denken?

Wie werden sie mich und mein Tun bewerten?“
Die Meinung der anderen
ist mir wichtig,
ebenso ist es mit ihrer Bewertung.
Ich will ja nicht nur dazugehören,
sondern auch akzeptiert,
gemocht und verstanden werden.
Und so schwimme ich immer
mit dem menschlichen Strom.
Statt selbst das Leben zu gestalten,
lasse ich mich immer wieder beeinflussen.
Unkritisch schließe ich mich
der Meinung der Mehrheit an.
Hier und da übernehme ich
die fremden Ansichten
und plappere sogar
den anderen nach dem Mund.
Manchmal bin ich auch verunsichert darüber,
inwieweit ich noch
mein eigenes Leben führe.
Statt den eigenen Garten
meiner Sensibilität zu pflegen,
gebe ich mich dem fremden Leben hin.
Und so suche ich gern
den Tratsch und Klatsch über die anderen.
Wie viele meiner Gespräche,
Gedanken und Worte gelten den anderen.
Mehr.
Manchmal mische ich mich
in ein fremdes Leben ein.
Die Probleme der anderen
erhitzen oft mein Gemüt.
Als ein Teil der Menschheit,

respektiere ich kaum
die Andersartigkeit und Eigenart der anderen.
Oft gebe ich mich selbst
und meine Einzigartigkeit auf.
Zugleich stelle ich
die Einmaligkeit der anderen in Frage.
O wie oft beteilige ich mich
an einem belanglosen Plauscherl.
Und so verliere ich mich
in oberflächlichen Gesprächen und Beziehungen.
Unbemerkt tausche ich
meine Individualität und meine Freiheit
gegen die vermeintlich gute Meinung
der anderen über mich.
Je mehr ich mich selbst
verzettle und aufgebe,
umso schmerzlicher und größer wird in mir
die Panik vor der Einsamkeit.
Je mehr ich das fremde Leben
studiere und lebe,
umso mehr fürchte ich mich davor,
nur mit mir selbst zu sein.
Je weniger ich meine eigenen Gedanken webe,
meine eigenen Gefühle erkenne,
meine Träume zu verwirklichen suche,
umso mehr flüchte ich vor mir selbst –
in die fröhliche und anonyme Menschenmenge.
Die eigene Oberflächlichkeit
sättigt mich nicht.
Die Anbiederung
schenkt mir keinen Frieden.
Die Anpassung
gönnt mir keine Gelassenheit.

| 2 | Schmerz der Einsamkeit

Das Reden nach dem Mund
macht mich nicht zufriedener.
Die fehlende Einsamkeit
überschwemmt mich mit Langeweile.
O treuer Vater.
Ist denn die Einsamkeit nicht die Chance
bei mir selbst zu verweilen
und zu mir selbst zurückzukommen?
Ist denn die Furcht vor der Einsamkeit
nicht die Bestätigung,
dass ich mich selbst
verloren und aufgegeben habe?
Ist denn der Schmerz der Einsamkeit
nicht ein Bruder von den Geburtswehen?

| 3 | Das Hohelied der Einsamkeit

O fantasievoller Vater.
Ich danke Dir
für meine Schwester Einsamkeit.
Sie steht zu mir.
Sie verlässt mich nicht.
Sie ebnet langsam meine Wege
und leitet meine Irrwege gelassen zum Ziel.
Die Einsamkeit beschützt mich.
Sie begleitet mich.
Sie vergibt mir den Verrat an mir selbst.
Die Einsamkeit bleibt stets ehrlich zu mir.
Sie spricht mir nicht nach dem Mund.
Sie kaschiert nichts.
Sie verschönert nichts.
Sie lässt das Vergessene und das Unangeschaute frei.
Die Einsamkeit verführt nicht.
Sie manipuliert nicht.
Sie gaukelt nichts vor.
Die Einsamkeit schafft immer die Klarheit.
Sie vertreibt den Nebel der Lügen.
Sie holt uns verlässlich heim.
Die Einsamkeit wirft mich immer wieder
in Deine väterlichen Arme.
Sie weckt mich
aus dem Schlaf der Bequemlichkeit.
Sie erinnert mich hartnäckig an Dich.
Die Einsamkeit zeigt unbeirrt
meine eigene Tiefe auf.
Sie gibt sich nicht
mit der Oberflächlichkeit zufrieden.
Sie wird nicht vom Schein genährt.
Die Einsamkeit haucht mir
eine kreative Unruhe ein.

| 3 | Das Hohelied der Einsamkeit

Sie verwandelt mich
in einen fruchtbaren Dichter.
Sie lehrt mich die Demut.
Die Einsamkeit rettet mich
vor rosaroter Abgehobenheit.
Sie macht mich bodenständig.
Geduldig führt sie mich in die Wirklichkeitsnähe.
Die Einsamkeit lenkt mich dorthin,
wohin ich oft gar nicht will.
Sie widerspricht mir gerne
und bietet meinem Eigensinn Parole.
Sie beraubt mich meiner Rechthaberei.
Sie belächelt meine Ratschläge.
Die Einsamkeit macht mich horchend.
Sie faltet meine Hände zum Gebet.
Sie bringt sogar meinen Geist zum Knien.
Sie beschert mir die beglückenden Momente
der intimen Zwiesprache mit Dir.
Die Einsamkeit schüttelt meine Langeweile ab.
Sie reinigt meine Liebe.
Sie schickt mich auf die Lebenswege
eines Suchenden und Fragenden.
Die Einsamkeit öffnet meine Augen
für das berührende Geheimnis
Deiner verborgenen Gegenwart.
Die Einsamkeit hebt mich
über das Banale empor.
Sie lehrt mich das Staunen im Alltag.
Die Einsamkeit kämpft
gegen meine Gewohnheitstendenzen.
Sie heilt mich
von der giftigen Selbstverständlichkeit.
Die Einsamkeit bürgt

für meine Einzigartigkeit.
Sie garantiert meine Eigenständigkeit.
Die Einsamkeit bestätigt mir,
dass ich meine Seele bewohne
und in mir selbst verweile.
Sie ist die Wächterin meiner Freiheit.
Die Einsamkeit
ist die sprudelnde Quelle
meiner kostbaren Sensibilität.
Sie schenkt mir Freude an den Menschen.
Sie macht mich beziehungsfähig.
Die Einsamkeit nimmt mich
in die erfolgreiche Gesprächsschule.
Sie macht mich aufmerksam und hellhörig.
Die Einsamkeit impft mich
gegen meinen eigenen Größenwahn.
Sie macht mich tolerant.
Die Einsamkeit
schmeichelt nicht.
Sie begegnet mir verblüffend ehrlich.
Die Einsamkeit
stellt sich nicht zur Schau.
Sie verkauft sich nicht.
Die Einsamkeit
sucht nicht nach Bestätigung.
Sie fischt nicht nach Komplimenten.
Sie eckt an.
Sie durchlüftet meine Seelenräume
und verprügelt meine trägen Gedanken.
Die Einsamkeit
verbirgt ihre Absichten nicht.
Sie macht die Gleichgültigkeit unmöglich.
Die Einsamkeit

leitet meine Geburtsstunde ein.
Sie weckt den kritischen Geist aus seiner Lethargie.
Die Einsamkeit
vertreibt meine Abhängigkeiten.
Sie macht mich gefährlich und unbequem.
Die Einsamkeit
regnet auf meine Ängstlichkeit herab,
befruchtet und reinigt sie.
Sie ist wie der Leuchtturm,
der mich leitet und rettet.
Die Einsamkeit
stärkt mein erschlafftes Herz.
Sie wärmt meine Kälte.
Sie sättigt meinen unstillbaren Hunger.
Die Einsamkeit nimmt mir
alle meine Masken ab.
Sie begräbt alle meine Rollen.
Die Einsamkeit hält mir
den untrüglichen Spiegel vor.
Sie zerschmilzt meine Angst vor mir selbst.
Die Einsamkeit
stellt meine angelernten Worte in Frage.
Sie kitzelt meine eigene Sprache hervor.
Sie macht mich echt.
Vater.
Ich danke Dir
für meine Schwester Einsamkeit.

| 4 | Väterliche Einsamkeit

O treuer und gegenwärtiger Vater.
Du atmest die Einsamkeit ein und aus.
Sie ist Deine Art, da zu sein.
Die Einsamkeit
tränkt Deine Aufmerksamkeit.
Dein väterlicher Blick
begleitet uns treu und aufmerksam.
Ungeteilt ist Deine Aufmerksamkeit für uns da.
Dir genügt es,
uns still und unauffällig anzuschauen.
Verborgen bist Du für uns da.
Du brauchst Dich uns
nicht zu präsentieren.
Du musst nicht von uns gesehen werden.
Du genießt Deine göttliche Unauffälligkeit -
die Frucht Deiner Einsamkeit.
Du bist die aufmerksame Liebe,
denn Du bist einsam.
Du kennst uns durch und durch,
denn ungestört schaust Du uns zu.
Deine Einsamkeit kommt
in Deinem selbstlosen und unsichtbaren Dienen
zum Ausdruck.
In allem, was Du tust und suchst,
brauchst Du unseren Beifall nicht.
Da Du Gott bist,
bleibst Du einsam.
Deine Nähe
schenkt uns Menschen das Glück.
Unsere Nähe nährt
Deine aufmerksame und väterliche Einsamkeit.
Vater.
Du bist und bleibst frei.

| 4 | Väterliche Einsamkeit

Du schützt Deine Freiheit
und deswegen bleibst Du auch stets einsam.
Deine Zuwendung zu uns
füllt Dein väterliches Wesen
mit den unzähligen Sorgen
um uns, Deine Kinder.
Du respektierst jedoch unsere Freiheit,
und das macht Dich umso einsamer.
Wir flüchten meist
vor unserer inneren und äußeren Freiheit,
damit wir eben nicht vereinsamen
und ungebunden nirgendwo zugehörig sind.
Wer kann schon
Deine väterliche und göttliche Einsamkeit ergründen?
Wer will sie schon ertragen?
Wer Dir, o Vater,
seine Aufmerksamkeit schenkt,
betritt sofort das Reich der Einsamkeit.
Vielleicht lässt Dich
unsere Furcht vor ihr,
unsere Aufmerksamkeit und Nähe
so schmerzlich entbehren?
Du bist allgegenwärtig, o Vater.
Und doch – Dich zu berühren,
ist nur in der Einsamkeit des Herzens möglich.
Können wir vor Dich, o Vater, treten,
ohne zuvor das Tor zur Einsamkeit
durchschritten zu haben?
Du bist kein Gedanke.
Ebenso bist Du kein Gefühl.
Du wirst nie zu unserem Spielball.
In Deiner Göttlichkeit
bleibst Du für uns

| 4 | Väterliche Einsamkeit

immer anders,
unerreichbar und unverfügbar.
Deine Einsamkeit schützt Dich
vor unseren Versuchen,
Dich zu vereinnahmen
oder zu instrumentalisieren.
Nur im Rhythmus Deiner Einsamkeit
können wir das wahre Gebet tanzen.
Alles andere scheinen unsere Einbildungen
oder unsere wortreichen Monologe zu sein.
Wer Dich erfahren hat,
beginnt zu schweigen.
Du und Deine einsame Art, o Vater,
bewegen unseren Willen,
die zeitlichen Räume zu betreten.
Wer Dich kennt,
beginnt aufmerksam zu schauen und zu staunen.
Wer Deine Nähe ausgekostet hat,
wird schnell
zum dichtenden Kind der Einsamkeit.
Vater, ist es abwegig,
die Einsamkeit
als unsere göttliche Schwester zu sehen?
Wer Dich ahnt,
sucht nach der Einsamkeit,
um Deine Worte sprechen zu lassen.
Wer von Dir berührt wird,
verliert die Angst
vor dem Antlitz der Einsamkeit.
Die Einsamkeit scheint
die Lieblingsschwester des Gebetes zu sein.
Vater.
Unsere Gebete lieben es,

das Wort „Amen“ an das Ende zu setzen.
Unser Amen
ist das erste Wort
Deiner einladenden Einsamkeit.
Das Schweigen ist nur ihr Vorbote.
Die Dichtung ist wiederum ihre Frucht.
Die Stille ist ihre Musik.
Vater.
Du kannst nicht anders als einsam sein,
denn Du bleibst immer unser Gott.
Du wirst nie
zu einer unserer Marionetten.
Du kommst uns zwar
stets als Erster entgegen,
aber Du biederst Dich nicht an.
Du passt Dich uns nicht an.
Du bleibst Dir selber treu.
Du gibst Dich und Deine Art nicht auf.
Vielleicht suchen wir Dich deswegen so selten.
Du redest uns nicht nach dem Mund.
Vielleicht beachten und tolerieren wir deswegen
Deine Göttlichkeit so wenig.
Vater.
Hilf uns, die Einsamkeit
mit Deinen Augen zu sehen,
damit sie uns
die Tore zu Deinem Reich öffnet.
Amen

| 5 | Wert der Einsamkeit

O ewiger Vater.
Die Einsamkeit pulsiert in Deinem Herzen.
Sie quillt aus Deinem Inneren hervor.
Die Einsamkeit ist
einer Deiner zahlreichen Arme,
mit denen Du uns
unaufhörlich zu umarmen versuchst!
Die Einsamkeit ist wie der Wasserstrom.
Bejahe ich sie,
befruchtet sie meinen Lebensacker.
Sie beschenkt mich
mit dem Reichtum Deiner Kreativität.
Stemme ich mich Deiner Einsamkeit entgegen,
überflutet sie mich.
Als ungebetener Gast,
reißt die Einsamkeit alles nieder.
Sie pustet unsere fantastischen Kartenhäuschen weg.
Sie liebt es, unsere aufgeblasenen Träume
im Bach des Alltags zu baden.
Die unerwünschte Einsamkeit
bringt unsere sorgsam ausgestatteten Nomadenzelte durcheinander.
Entschieden und forsch blendet sie
unsere Einbildungen und unser Wunschdenken aus.
Zugleich nimmt sie wenig Notiz
von unseren Planungen und Vorhaben.
Die Einsamkeit kommt zu uns –
eingehüllt in den majestätischen Mantel der Königin.
Sie stellt uns vor die Mauer
und stellt uns unbequeme Fragen.
Unsere Halbwahrheiten und Lügen
entpuppt sie
als hinterlistige Täuschungen.

| 5 | Wert der Einsamkeit

Ja. sie enttäuscht uns durch und durch.
Diejenigen, die sie begrüßen, lässt sie
auf dem fischreichen und türkisen Ozean
glücklich segeln.
Sie ist der Lieblingsgast aller Dichter.
Ebenso begleitet sie umsichtig
all die einsamen Wanderer und Bergsteiger.
Mit ihr können wir nicht verhandeln.
Sie ist wie eine strenge und klare Lehrerin.
In ihrer Gegenwart
wird unser Ja
tatsächlich zu einem Ja,
und ein Nein
zu einem wirklichen Nein.
Sie reinigt und veredelt uns.
Die Einsamkeit
hasst unsere wichtigtuerischen Masken,
und reißt sie uns im Nu vom Gesicht.
Sie hat keine Angst
vor unseren Falten und Runzeln.
Die Einsamkeit scheint
Dein göttliches Kind zu sein.
Sie tanzt nie nach unserer Pfeife.
Sie lebt ausschließlich
in Deiner Gegenwart.
Wir dürfen sie
weder mit Vergangenheitsbonbons
noch mit rosaroten Zukunftsballons bestechen.
Die Einsamkeit ist und bleibt
das Kind Deiner beständigen Gegenwart.
Wer sich mit ihr anfreundet, hört auf,
kindisch und ängstlich zu horten.
Sie verträgt sich mit den künstlichen Ängsten nicht.

| 5 | Wert der Einsamkeit

Sie weiht uns in die Gegenwart ein.
All die Liebhaber und Knechte
der Vergangenheit und der Zukunft
hassen und meiden sie -
„wie der Teufel das Weihwasser."
Selig,
wer die Einsamkeit als Schwester behandelt.
Selig,
wer ihr das Ohr schenkt.
Reich wird derjenige,
der sie sprechen lässt.
Glücklich,
wer sie versteht und liebt.
Wehe denen,
die sie meiden.
Wehe denen,
die sie nicht anhören oder missverstehen.
Wehe denen,
die oberflächlich sind,
denn sie werden von ihr verprügelt.
Wehe denen,
die die Gegenwart nicht vertragen.
Wehe denen,
die Dich vergessen
oder nicht mehr beachten,
denn sie werden
durch die Einsamkeit an Dich erinnert.
Vater.
Hilf uns, Deine Einsamkeit
wie ein unbändiges und sprudelndes Wasser
zu behandeln.
Mit Achtung und Respekt bedacht,
wird sie uns befruchten

und unseren Durst löschen.
Sie ist und bleibt
der herausfordernde Schatten
Deiner sonnigen Gegenwart.
Sie wird alle in den Schatten stellen,
die gerne und naiv glauben,
die Sonne zu sein.
Die Einsamkeit setzt unseren Amenpunkt
und eröffnet Deine Zeit.

| 6 | Innere und äußere Einsamkeit

O gegenwärtiger Vater.
Durch die Begegnung
mit der Schwester Einsamkeit
nimmst Du mich ganz in Beschlag.
Du erweckst in mir den Eindruck,
als ob Du mich durch sie entrücken würdest.
Du tauchst mich
in den währenden Augenblick ein.
Ich höre auf zu zählen
und die Zeit zu messen.
Der Augenblick
dehnt sich in der Zeit der Einsamkeit aus.
Die Ewigkeit durchflutet mich durch und durch.
Sie drückt mir den Pass
in Deine Ewigkeit in die Hand.
In der Einsamkeit
passiere ich die Grenze in ein Land,
in dem alles anders ist.
Die Uhr geht verloren.
Wie ein erfülltes Kind
laufe ich barfuß auf der Lebenswiese.
Der Reichtum der Düfte wird mir zuteil.
Vom Denkenden werde ich zum Staunenden.
Vom Fragenden werde ich zum Schauenden.
Vom Formulierenden werde ich zum Schreibenden.
Vom Ruderer werde ich zum Segelnden.
Dein Brunnen scheint sein lebendiges
und ewiges Wasser auszugießen
und es löscht meinen unstillbaren Durst.
Die Einsamkeit verwandelt
jene befürchtete Zeit mit mir selbst
in den Garten Eden -
voll mit göttlichen und duftenden Blumen.

| 6 | Innere und äußere Einsamkeit

Das Alleinsein
verliert seine Dornen.
Sein Getränk schmeckt nicht mehr bitter.
Die tickende und vergehende Zeit
wird zum leidenschaftlichen Tanz.
Meine Seele hört auf,
ein stilles Haus zu sein.
Sie wird zur blühenden Wiese.
Der schwermütige Schatten der Einsamkeit
spendet auf einmal die Erquickung,
die Rast und die ersehnte Pause.
Sie reißt mich aus dem Strom
der blinden Umtriebigkeit heraus
und versetzt mich
in den währenden Lebensfrühling.
Meine Angst vor der Einsamkeit
wird erwachsen
und beginnt für mich zu arbeiten.
Ihr Schrecken wird nun zu meinem Schutz.
Die Flucht vor der Einsamkeit
in die anonyme und namenlose Menge
wird zur Vergangenheit.
Mein bequemes Untertauchen in der Menschenschar
wird zu meinem ungebetenen Gast.
Die Freiheit des Herzens
blüht erneut auf.
Die Gedanken laufen frei
und ohne Vorschriften herum.
Die befürchtete Nacht wird begehrenswert.
Die Freude über die Entdeckung der
vergessenen Schwester Einsamkeit
wird überschwänglich.
Ich war nie einsam und allein.

| 6 | Innere und äußere Einsamkeit

Meine Schwester Einsamkeit
wiegte mich in ihren Armen,
ohne sich meiner Blicke
und meiner Aufmerksamkeit zu erfreuen.
Die Einsamkeit kommt nie mit leeren Händen.
Sie erinnert mich
an mein göttliches und königliches Erbe.
Ich gehöre nicht der ablaufenden Zeit.
Ich gehöre Dir, o ewiger Vater.
Dein unsterbliches Blut fließt in mir.
Hier auf Erden bin ich nur
ein vorübergehender Nomade.
Ich nenne mein Haus nicht mehr
meinen Besitz oder meinen Zufluchtsort.
Es ist nur ein geliehenes Wanderzelt.
Mit der Schwester Einsamkeit
gehöre ich Deiner ewigen Ordnung an.
Mein Reichtum ist weder Papiergeld
noch dröhnendes Golderz.
Dein königlicher Ring an meiner Hand
hat Deine Inschrift eingraviert:
der andauernde Augenblick.
Ich bin nicht mehr bereit,
das gekaufte und portionierte Wasser zu trinken.
Deine Zeit, o Vater, ist der Brunnen
bei dem ich mich mit Schwester Einsamkeit labe
und mit ihr spiele.
Verwundert erhebe ich meinen Blick
über Dein Wasser, o Vater, und sehe
die vereinsamte Menschenschar um mich herum.
Ich spüre ihre gähnende Leere.
Die sorgenvollen Steine pflastern ihre Wege.
Ihre Schritte sind schwer und ängstlich.

| 6 | Innere und äußere Einsamkeit

Sie scheinen keinen Halt zu haben –
als ob sie zwischen Himmel und Erde
ausgestreckt wären.
Ihre parfümierte Haut kämpft
gegen Deinen ungeschönten Lebenswind.
Ihre Kleidung ist so begehrenswert für die Motten.
Die Makulatursammler warten gierig
auf ihre Bücher und Autobiografien.
Sie flüchten vor der liebevollen Umarmung
durch die Schwester Einsamkeit,
obwohl sie ihres Alleinseins überdrüssig sind.
O ewiger Vater.
Es ist so merkwürdig,
dass sich manche von uns,
in derselben Begegnung
mit Schwester Einsamkeit,
elend und andere göttlich fühlen.
Jedem das Seine!
Ich danke Dir
für diese Perle der Einsamkeit.
Durch sie werde ich
zu Deinem königlichen Erben.
Danke!
Amen

| 7 | Der Glanz der Einsamkeit

Du verwunderst mich, o Vater.
Die Schwester Einsamkeit verblüfft mich
mit der Fülle ihrer Gaben.
Sie deckt in uns
die verborgenen Quellen der Fantasie auf.
Die Einsamkeit scheint die Mutter der Künstler,
der Sensiblen, der Suchenden und
aller anderen Adeligen des Geistes zu sein!
O wie viele missverstandene Menschen
werden durch die nächtliche Einsamkeit umarmt,
getröstet und beflügelt!
Ist ihr Schmerz nicht
der Vater der Überraschungen
und der Initiator der Schönheit?
Wie oft wird gerade in seinem Schatten
meine Freiheit und meine Kühnheit geboren!
Die zahlreichen und duftenden Träume
sind oft die Früchte des Einsamkeitsbaumes!
Vater!
Hat nicht Jesus
die nächtliche Einsamkeit gesucht
und als die Zeit
für die Zwiegespräche mit Dir beansprucht?
Deine Tochter Einsamkeit, o Vater,
veredelt uns.
Sie ordnet unsere chaotischen und
orientierungslosen Gedanken.
Die Einsamkeit bringt
unsere aufgewühlten Gedanken zur Ruhe.
Während ihres Besuches
kommt unser ausgebeuteter Körper in seine Kraft.
Sie rettet mich verlässlich
vor Verausgabung und Selbstaufgabe.

| 7 | Der Glanz der Einsamkeit

Die Einsamkeit
als meinen Schutzengel zu bezeichnen,
ist nur noch der Ausdruck meiner Ehrlichkeit!
Sie schützt mich
vor der ausbeuterischen Neugierde der anderen.
Sie baut um meine Sensibilität
feste Schutzmauern
gegen die fremde Vereinnahmung.
Die Einsamkeit schwängert
meine genialen Seiten.
Sie ist der verborgene Kurator
meiner zerbrechlichen und scheuen Freiheit.
Sie begießt das innere Leben
der tiefsinnigen Menschen.
Deine Einsamkeit, o Vater,
macht uns einmalig, unbequem
und provoziert
das schlechte Gewissen derer,
die sich schon längst verloren
oder aufgegeben haben.
Ihre Last ist nicht immer leicht.
Die Einsamkeit ist so göttlich und so kostbar,
dass ihr hoher Preis nicht selten
erschrickt und überfordert.
Sie beschützt mich wirkungsvoll
vor der Verunsicherung durch den Neid.
Deine Einsamkeit hilft mir,
den klaren und unverfälschten Blick zu bewahren!
Sie ist das beste Heilmittel gegen
manipulatives und verführerisches Einreden.
Die Einsamkeit hält meine Füße stets am Boden,
damit ich immun bleibe
gegen das giftige Wunschdenken,

und damit ich nicht
der Abgehobenheit zum Opfer falle.
Vater!
War denn die Einsamkeit nicht
eine treue Weggefährtin Jesu?
O wie oft war er missverstanden!
Wie schnell lehnten wir ihn ab!
Verdankte Jesus sein tiefsinniges
und reichhaltiges Innenleben
nicht dem befruchtenden Lebensstrom der Einsamkeit?
War es nicht gerade die Einsamkeit,
die Jesus motivierte,
sich selbst nicht zur Schau zu stellen
und seine Perlen vor die Schweine zu werfen?
Hat denn Jesus nicht
vor dem unterhaltungsbedürftigen Herodes geschwiegen?
Jesus veräußerte sich nicht.
Die Einsamkeit schützte erfolgreich
sein verborgenes Heiligtum!
Vater.
Ist es nicht die Schwester Einsamkeit,
die meine Sinne schärft und
meine Aufmerksamkeit verfeinert?
Vermehrt sie nicht
die bodenständige Demut?
Sie ist es,
die in ihrem verzehrenden Feuer,
meine Seele reinigt.
Zärtlich pflegt die Einsamkeit
den sensiblen Garten meines Gewissens.
Sie setzt mein Herz in Brand!
Sie entfacht auch das Feuer der Liebe zu Dir.
Die Einsamkeit schubst mich,

wenn ich in der Bequemlichkeit ermatte.
Sie führt mich
zu meiner eigenen, unbekannten Schatzkammer
und lässt mich,
mich selbst erkennen.
Die Einsamkeit ist oft
so ruppig und so wuchtig in ihrem Wirken,
sodass es ihr häufig gelingt,
mich selbst zu vergessen
und über mich hinauszuwachsen!
Sie gebiert oft
die Großmut und die Großzügigkeit
meines kleinkarierten Herzens.
Vater!
Es ist so sympathisch,
dass gerade Deine Einsamkeit
mich gemeinschaftstauglich und beziehungsfähig macht!
Ist nicht sie es,
die Eheleute ehefähig macht
und jegliche Beziehung
vor den kaputtmachenden Idealisierungen
und gegenseitigen Überforderungen schützt?
Die Einsamkeit scheint
jene zusammenzuführen,
die einander in der namenlosen Menge
verloren haben.
O fantasievoller Vater!
War es nicht die bittere Ablehnung und Vereinsamung,
die den Hl. Franziskus
die Natur und ihre Geschöpfe
als seine Mutter, seine Schwestern und Brüder
entdecken und benennen ließ?
Vater.

| 7 | Der Glanz der Einsamkeit

Du hast den Einsamkeitsweg nicht breit angelegt.
Ihr Weg ist schmal und steinig.
Es ist aber ein verlässlicher Weg
in Dein Vatershaus.
Ich danke Dir für die Einsamkeit
und ihre anspruchsvolle und geschwisterliche Art!

| 8 | Der Fluch der Einsamkeit

O Vater.
Verflucht sind jene,
die Deine Einsamkeit nicht verstehen.
Wehe jenen,
die sie nicht umarmen,
denn dann steht sie nicht wie ihre Freundin
oder wie ihre Schwester da.
Sie wird dann als Feind gesehen
und auch so behandelt.
Wehe jenen,
die sie nicht als Deine Botin sehen.
Wehe jenen,
die sie feindlich und kaputt denken.
Wehe jenen,
die ihre ehrliche Melodie nicht vertragen.
Wehe jenen,
die vor ihrem ehrlichen Spiegel weglaufen.
Wehe jenen,
die sich weigern,
ihren irdischen Platz einzunehmen
statt Deinen göttlichen Platz zu okkupieren.
Die Einsamkeit
wird uns unmissverständlich dazu auffordern.
Wehe jenen,
die schwerhörig sind,
denn die leise Musik der Einsamkeit
wird ihnen zum schmerzlichen Wegbegleiter.
Wehe jenen,
die hinter ihrem dünnen und durchsichtigen Eis
Dein sprudelndes Wasser
nicht sehen und hören.
Vater.
Deine Tochter Einsamkeit

wandert hungrig umher.
Sie sehnt sich nach der sättigenden Speise.
Sie lässt sich nicht
mit vergänglicher Nahrung abfertigen.
Sie lebt von den authentischen Begegnungen.
Die Einsamkeit ernährt sich
von den leidenschaftlichen und lebendigen Gesprächen, in denen niemand irgendwelche Masken trägt.
Wehe jenen,
die Deine Einsamkeit nicht reden lassen,
denn sie wird ihnen umso mehr
ihre Sprachlosigkeit verstärken.
Deine Einsamkeit, o Vater,
ist so familiär und intim mit uns verbunden.
Dadurch fordert sie uns so heraus.
Unsere oberflächlichen Floskeln
prallen von ihr ab.
Sie verlangt von uns
klare und direkte Gespräche.
Missverstehen und Missachtung kränken sie,
und das wird sie uns spüren lassen.
Sie macht kein Hehl
aus ihrer Bedürftigkeit.
Sie braucht uns.
Und das sagt sie uns ganz klar.
Als treue Schwester wird sie uns,
trotz ihrer Verwundbarkeit und
Verletzlichkeit, nachgehen.
Sie scheint unsere ältere Schwester zu sein.
Sie wird nicht aufhören,
sich um uns zu sorgen
und uns beschützen zu wollen.
Von uns abgelehnt,

wird sie uns schwer im Magen liegen.
Vater.
Ist Deine Tochter Einsamkeit
nicht nur verwandt,
sondern auch gut befreundet
mit der Schwester Zeit -
jener kostbarsten unserer Geschwister?
Die Einsamkeit schaut uns lange und geduldig zu.
Sie bekommt nicht, wie wir,
diese kostbare Gabe der Zeit,
die wir vergeuden, verwahrlosen
und sogar zerrinnen lassen.
Sie leidet darunter,
wenn wir unsere heilige Zeit
totschlagen, billig
und verantwortungslos verlieren.
Die Geduld der Einsamkeit
scheint manchmal zu reißen.
Dann greift sie klar ein.
Sie belehrt nicht.
Sie macht keine Gewissensbisse.
Die Einsamkeit demütigt uns nicht.
Sie hält uns den geschwisterlichen Spiegel entgegen
und rüttelt uns dadurch auf.
Ohne Worte konfrontiert sie uns
mit der scheuen Schwester Zeit.
Deswegen scheint die Zeit bei ihren Besuchen
so unendlich zu sein.
Wenn sie sich bemerkbar macht,
bleiben unsere Uhren stehen.
Die Zeit hört auf,
unbemerkt zu vergehen.
Die Schwester Einsamkeit lädt die Zeit

an unseren gemeinsamen Gesprächstisch.
O wie peinlich
wird oft dadurch so ein Gespräch!
Unsere geringe Wertschätzung der Zeit
wird so offensichtlich.
Die Einsamkeit erzwingt die befürchtete Pause
und zeigt uns die Grenzen unseres Zeitvolumens auf.
Unsere Vergänglichkeit wird offensichtlich.
All unsere Oberflächlichkeit
und die Sorgen entpuppen sich als unsere Flucht
vor dem Reichtum Deines ewigen Augenblicks.
Deine Einsamkeit, o Vater,
redet mir nichts ein.
Sie hält keine Predigten
und sie macht mir keine Vorwürfe.
Sie fordert mich heraus,
denn sie zeigt mir
so ehrlich und so unverfälscht,
wie ich mit mir selbst
und mit meiner Zeit umgehe.

| 9 | Einsamkeit der Zeit

O treuer und ewiger Vater.
Du hast die Einsamkeit
tief in mein Wesen eingraviert.
Weder meine kühnen Träume und Vorhaben
noch meine offensichtlichen Erfolge
und gelungenen Beziehungen
vermögen es, mich gänzlich zu erfüllen.
Unruhig bleibt mein Herz,
trotz all meiner Aufgaben,
Rollen, Beschäftigungen und Umtriebigkeit.
Auch, wenn ich mich mittlerweile darauf spezialisiere,
die Einsamkeit zu verdrängen
oder außer Acht zu lassen,
bleibt sie doch
mit meinem menschlichen Schicksal
untrennbar verbunden.
Die heilige Einsamkeit sickert
in meinen durchgeplanten und überfüllten Kalender.
Sie öffnet meine Augen
für die Weite und Tiefe unserer Welt,
die viel größer ist als mir lieb ist.
Die Welt ist nicht nur messbar,
sichtbar, hörbar und gestaltbar.
Sie atmet immer wieder spürbar
Deine ungeahnte und unzähmbare Tiefe.
Unsere Welt ist nie eindimensional.
Sie übersteigt mein Auffassungsvermögen
und schmäht meine Kontrollsucht.
Meine fantasievollen Versuche der Zurückgezogenheit bleiben
so fragil.
Ich gönne mir so selten jene heiligen Momente
der mystischen Verschmelzung
mit Deiner Schöpfung,

| 9 | Einsamkeit der Zeit

die Du mir
auf den atemberaubenden Gebirgsgipfeln gönnst.
Ich suche so selten
nach der offensichtlichen Schönheit Deiner Natur,
die mich ergreift und
in die Ewigkeit Deines Augenblicks versetzt.
Mein Drang,
mich vor Überraschungen und Enttäuschungen
zu schützen,
bleibt nicht nur hartnäckig,
sondern auch kindisch
in mir wirksam.
O ewiger Vater.
Ich will es meist nicht wahrhaben,
aber ich bin nur ein Kind der kurzen Zeitperiode,
die Du mir bestimmt und anvertraut hast!
Du hast mein Leben
in der vergehenden Zeit ausgebreitet.
Ob ich es will oder nicht,
ob ich es wahrhabe oder nicht:
ich komme und gehe.
Mehr.
Ich werde in diese Welt hineingeworfen
und einmal werde ich auch abtreten.
Mein irdisches Leben
besitzt ein Ablaufdatum.
Das Einzige,
was ich tatsächlich habe
und was mein Besitz ist,
ist die Todessicherheit.
Ich fließe mit der Zeit.
Ich wachse
und zugleich sterbe ich stets auch ab.

| 9 | Einsamkeit der Zeit

Gerne würde ich oft
diesen Zeitfluss aufhalten
und meine Kindheit oder die Jugendzeit
dauern lassen.
O wie gerne würde ich
an den kommenden
und kostbaren Glücksmomenten festhalten!
Doch die Schwester Zeit führt mich
unbeirrt in Deine Richtung weiter.
Die Begegnung mit der Schwester Zeit
beschert mir die große Portion der Einsamkeit.
Die unaufhaltbare Vergangenheit,
die abbröckelnde Gegenwart
und die wartende Zukunft
wollen mit mir nur unter vier Augen sprechen.
Solche Begegnungen sind so intim
und so gewichtig, dass ich sie
alleine ertragen muss.
Es macht mich unrund und unsicher,
dass ich so oft hilflos wie ein Holzstück
im Lebens- und Zeitfluss mitschwimme.
Ich kann mich nicht
gegen jene Hilflosigkeit wehren oder absichern.
Ich vermag es nicht,
mein Leben und meine Umgebung
stets zu kontrollieren und zu gestalten.
Ich schaffe es nicht,
den Lebensüberraschungen aus dem Weg zu gehen.
Ich habe keine Zeit.
Die Zeit hält mich in ihren Händen fest.
Ich vergehe.
Ich bin dem Altern erbarmungslos,
trotz Verjüngungskur, ausgeliefert.

| 9 | Einsamkeit der Zeit

Vater.
Nicht immer sehe ich die Zeit
als meine Schwester an.
Oft komme ich mir selbst so verloren,
ausgeliefert und orientierungslos
in dieser Welt und in dieser meiner Zeit vor.
So selten denke ich an mein Zuhause
in Deiner väterlichen Ewigkeit.
In solchen Momenten,
in denen ich die Zeit
von Dir abgekoppelt erlebe,
wird mein Leben ganz schön bitter
und schwer erträglich.
Halt meine Einsamkeit im Zeitfluss.

| 10 | Die Einsamkeit der Liebe

O liebender Vater.
Wie oft musst Du
in Deiner väterlichen Zuwendung
zu uns einsam sein!
Aus Respekt vor uns
mischt Du Dich nie ungebeten
in unser Leben ein.
Du wartest geduldig auf unsere Einladung.
Du hoffst auf unsere Aufmerksamkeit.
Du sehnst Dich
nach der Gemeinschaft mit uns.
Wie das aber in Wirklichkeit aussieht,
weißt Du am besten.
Dein Warten auf unsere Rückkehr,
Dein Ausschauen nach uns
dauert oft so schmerzlich lange an.
Du nimmst es aber in Kauf.
Denn, wenn Du uns liebst,
respektierst Du uns.
Wenn wir zu lieben wagen,
ergeht es uns dann nicht anders als Dir?
Die Liebe lässt uns oft
in der Warteschlange vor der Post
auf den langersehnten Einladungsbrief hoffen.
Die Liebe ist es,
die uns davon abbringt,
uns ins Leben der geliebten Nächsten einzumischen.
Die Liebe ist es,
die uns so lange warten lässt,
bis wir aus freiem Willen eingeladen werden.
Die Liebe ist es,
die uns lange in den einsamen Kammern der Sorgen
um die anderen einsperrt.

| 10 | Die Einsamkeit der Liebe

Unsere brennenden Fragen:
„Schaffen es unsere Lieben?“
„Wird ihnen etwas Böses zustoßen?“
„Reichen meinen Lieben,
die Kraft, die Ausdauer
und die Geduld aus?“,
werden dann beantwortet.
Nur noch unsere Herzen wissen es,
wie lange und wie verzehrend
uns solche Unsicherheiten
im Griff haben können.
Die Liebe ist es,
die uns das Liebgewonnene
schmerzlich loslassen lässt.
Die Liebe ist es,
die uns in wartender Geduld
ausharren lässt.
Doch gerade jene Siegeswonne
vertreibt uns unbemerkt
von unseren Lebenswiesen
und sperrt uns
ins selbstgewählte Museumsgefängnis.
Die Ewigkeit des Augenblicks
rückt in die Ferne.
Ich beginne
aus der ruhmreichen Vergangenheit zu leben.
Meine Pokale fixieren meine Aufmerksamkeit
auf die verblühte Geschichte.
Die gerahmten Fotos
erinnern mich noch
an den verwehten Duft des Erfolges.
Vater.
Es ist so merkwürdig,

aber die Erfolge halten mich fern
vom überraschenden und kühlenden Wasser
des Gegenwartsbaches.
Ich schlürfe nur noch die kostbaren Altweine.
Der Geschmack des frischen Wassers
wird mir fremd.
Ich möchte die blühenden Augenblicke
überall mit Erfolgserinnerungen würzen.
Das Streicheln des Windes
ist nichts für mich,
da ich mich im künstlich klimatisierten Heldennest
bequem eingerichtet habe.
Ich stelle meine Taten
den Fremden zur Schau.
Ich beginne
nach Zuschauern zu suchen
und versuche den Beifall zu erhaschen.
Wie würden mir sonst
meine Titel und Ämter dienen,
wenn ich den schmeichelnden
und unterwürfigen Menschen
nicht begegnen würde?
Mein Herz jubelt und tanzt
zu diesem fremden und verdienten Applaus.
Es wird aber dadurch nicht satt!
Meine Erfolge
steigern nur noch meinen Hunger
nach der Bühne und nach der Anerkennung.
Meine Goldmedaillen
verdecken allzu schnell
mein zerbrechliches und sensibles Herz.
Diese Heimsuchungen
liegen schwer auf meiner Brust.

| 10 | Die Einsamkeit der Liebe

Sie nehmen mir
die Leichtigkeit und Kindlichkeit des Atems weg.
In der lobenden Menge
werde ich immer einsamer.
Der Applaus baut
die hohen und unsichtbaren Mauern um mich.
Die kurzen Momente
meiner Auftritte auf der Bühne
vergrößern die Herzensleere.
Das Vergangenheitsbrot
sättigt mich nicht.
Ich entferne mich dennoch von den anderen,
denn ich rede mir wirkungsvoll ein,
ein besonderer, ein besserer Mensch zu sein.
Die Eitelkeit schließt mich aus
dem Kreis der gewöhnlich Sterblichen aus.
Der Überfluss an Aufmerksamkeit,
die mir geschenkt wird,
korrumpiert meine Seele.
Mein hohes Ross,
auf dem ich sitze,
lässt mich kaum
das Fußvolk verstehen.
O treuer und geduldiger Vater.
Du gibst mich nicht auf!
Du legst keinen Wert
auf meine Auszeichnungen.
Meine verzierenden Masken
beeindrucken Dich nicht.
Du schaust mich einfach an.
Als Vater umarmst Du unsichtbar
mein bedürftiges,
zerbrechliches und vereinsamtes Herz.

| 10 | Die Einsamkeit der Liebe

Du kämpfst um mich.
Deshalb lieferst Du mich
den ehrlichen Händen
der Schwester Einsamkeit aus.
Sie berührt meine Wunden.
Sie versucht mich zu retten
vor der geschmückten und zelebrierten Selbstaufgabe.
Die Einsamkeit ist oft
mein letzter Rettungsanker,
bevor ich mich ganz am Beliebtheitsmarkt
zum Verkauf anbiete.
Sie klopft geschwisterlich
an mein abgestumpftes Herz
und fragt wortlos und ehrlich:
„Wo bist du denn?
Ich sehe dein Antlitz nicht mehr."
Vater.
Führe mich behutsam
durch die breiten Erfolgspfade.
Beschütze mich
vor den tiefen Schlaglöchern.
Hilf mir,
Deinen väterlichen Blick zu suchen,
zu schätzen und auszukosten.
Ich bin nur Dein geliebtes und bedürftiges Kind.
Ich bin nur der,
der ich in Deinen Augen bin.
Nicht mehr und nicht weniger.

| 11 | Meine Einmaligkeit

Einmalig bist Du, o Vater.
Unberechenbar
bist Du in Deinem Wirken.
Du bist so einfallsreich.
Deine Gedanken sind nicht meine Gedanken.
Anders bist Du.
Du bist einfach größer,
als ich Dich denke.
Du bist noch mehr,
als ich Dich fühle.
Du überbietest meine kühnsten Träume.
Du sprengst alle meine Vorstellungen.
Unbegreiflich bist Du.
Unkontrollierbar in Deinem Vorhaben.
Unvorstellbar ist Deine Stärke.
Du wirkst, wie Du willst.
Bei Dir, o Vater,
kann ich entweder staunen oder verzweifeln.
Du lässt Dich nicht kontrollieren.
Du entkommst all meinen Vereinnahmungsversuchen.
Du sprengst meine Wünsche an Dich.
Du lässt mich über Dich nicht verfügen.
Du bist so frei und souverän.
Du bist der fantasievolle Schöpfer.
Unergründlich ist die Schönheit Deiner Schöpfung.
Du wiederholst Dich nicht.
Nicht einmal eine Schneeflocke
gleicht der anderen.
Jeden Menschen hast Du
so einzigartig gemacht.
Jeden Menschen hast Du anders gemacht.
Nur oberflächlich sind wir einander ähnlich.
Nur Verhaltensweisen

scheinen gleich zu sein.
Meine Vergangenheit
ist absolut unwiederholbar.
Mein Leben kann nur einmal so sein.
Niemanden hast Du mir gleich gemacht.
Jeder Mensch ist anders.
Allmächtig bist Du, o Vater!
An jedem handelst Du anders.
Jeden Menschen begleitest Du anders.
Du entscheidest Dich frei.
Du beschenkst so verschieden.
Du teilst die Fähigkeiten den Menschen zu,
wie Du es willst.
Du lässt Dich nicht einsperren
in meinen Begriffen.
Du schmunzelst über meine Vergleiche.
Du staunst über meine Angst
vor meiner Einmaligkeit.
Warum will ich oft sein wie die anderen?
Warum fühle ich mich so komisch,
wenn ich anders bin?
Warum tut mir oft
meine Einzigartigkeit weh?
Warum vergleiche ich mich mit den anderen?
Warum werte ich mich selbst dabei oft ab?
Warum will ich Dich, o Vater,
zu einer Eintönigkeit zwingen?
Warum tue ich mir schwer
mit Deiner Fantasie?
Warum löst Deine Freiheit in mir
so viel Angst aus?
Warum fällt es mir so schwer,
Deinen Willen geschehen zu lassen?

| 11 | Meine Einmaligkeit

Warum schaue ich so wenig auf Dich?
Warum schaue ich vielmehr auf die anderen?
Warum ist für mich
Deine Meinung so belanglos?
Warum ist mir
die Meinung der anderen so wichtig?
Warum laufe ich gern
vor Deiner Kreativität davon?
Warum bin ich so gerne kleinkariert?
Warum möchte ich Dich korrigieren, o Vater?
Warum würde ich Dir gerne vorschreiben,
was Du zu tun hättest?
Warum respektiere ich Dich so wenig?
Du hast mich
so wertvoll und so kostbar gemacht.
Du hast mich
so einmalig und so einzigartig erschaffen!
Vater, hilf mir,
Dich und Deine Freiheit
gelten zu lassen!
Ermögliche es mir,
mich mit Deiner Allmacht anzufreunden!
Reinige mich von meiner Eitelkeit.
Tilge meinen Hochmut in mir.
Befreie mich
von meiner Kleinkariertheit.
Lass mich alles
mit Deinen Augen sehen.
Hilf mir,
dass ich öfter auf Dich schaue.
Schmilz in mir mein Misstrauen.
Fülle mich mit Deiner Weite.
Lass Deine göttliche Würde in mir,

noch spürbarer und sichtbarer erscheinen!
Vater!
Dein Wille soll geschehen!
Schenke mir Mut,
mich Dir hinzugeben!
Entzücke mich mit Deiner Größe.
Ergreife mich mit Deiner Schönheit.
Verführe mich,
damit ich mich selbst vergesse
und über mich selbst hinauswachse.
Betäube mich mit Deiner Liebe,
damit ich sehe!

| 12 | Nacht

Du fantasievoller Vater.
Unerschöpflich ist Deine Weisheit.
Du schenkst uns Deine Nacht
als Dein Licht.
Es ist Dein Raum und Deine Zeit.
In der Nacht kam Dein Sohn zur Welt.
Die Karfreitagsdunkelheit
war die heilige Leinwand für
die größte Liebeshingabe
Deines Sohnes an uns.
Die Auferstehungsnacht
brachte unseren Erlöser hervor.
Die Nacht ist Deine heilige Zeit.
Tagsüber sind wir
beschäftigt und umtriebig unterwegs.
Am helllichten Tag
genießen wir Deine Naturwunder
und zugleich übersehen wir Dich.
Es fällt uns schwer,
Dir im Alltag unsere Zeit
und unsere Aufmerksamkeit zu schenken.
Ziehst Du Dich deswegen
in Deine dunklen Kirchen,
ins heilige Brot zurück,
um unserem Schaffensdrang
Platz zu machen?
Schenkst Du uns den Tag,
damit wir zur Geltung kommen?
In der Nacht, o Vater,
holst Du uns alle zurück.
Deine traumlose,
schlafende und ruhige Nacht
lässt uns unsere Niederlagen,

| 12 | Nacht

Sorgen und unsere Verbitterung überschlafen.
Sie hüllt uns mit dem ersehnten Friedensmantel ein.
Am Tage sind wir voller Tatendrang.
Da sind wir in unserem Element:
wir die tüchtigen
und vor Vertrauen strotzenden Erwachsenen.
Doch in der Nacht
werden wir wieder zu Kindern.
Da darfst Du uns endlich
in Deinem beruhigenden Arm der Nacht wiegen.
Endlich dürfen auch wir uns erholen,
Schnaufpause in unserer Umtriebigkeit machen
und sogar die schweren Brocken unserer Verantwortung
für kurze Zeit ablegen.
Du schenkst uns die Nacht
als eine Vorratskammer
unserer Fantasie und Kraft.
Nur einmal im Tageslauf werden wir sorglos:
eben, wenn wir uns dem Nachtreich überantworten.
Die Nacht berührt
unsere Zeit mit Deiner Ewigkeit.
Unsere schnelle und tickende Zeit
scheint auch zu schlafen
und still zu werden.
Da beginnen auch wir,
in unserer Gegenwart zu sein
und wir schlafen ein.
Du übernimmst die Lenkung unseres Gespanns
und überschüttest uns mit allem,
was Du uns geben willst.
In der Nacht verlieren
all unsere Vorhaben,
Leistungen und Aufgaben

jegliche Bedeutung.
Deiner Nacht
ist es völlig gleichgültig,
welche Titel oder Ämter wir innehaben.
In der Nacht,
nimmst Du Dich, o Vater,
einfach unserer an.
Da dürfen und müssen wir loslassen.
Du übernimmst
die Führung und die Gestaltung.
Es ist Deine Zeit.
Da dürfen wir uns vor Dir
nicht mehr verbergen.
Geschafft, unschuldig und anschmiegsam
wirken wir
an Deiner nächtlichen Brust.
Ob wir lebend
aufwachen und aufstehen werden?
Nicht einmal das wissen wir.
Es ist Dein Reich.
In der Nacht
teilst Du die Lebenskarten aus.
Bevor Du uns
dem Tag anvertraust und abgibst,
erneuerst Du unsere Gedanken,
erneuerst Du unsere Seele
und erfrischt Du unseren Körper.
Vater.
Es ist Deine Art,
uns am Tage geduldig das Unsere
tun zu lassen.
doch ich danke Dir dafür,
dass Du uns Nacht für Nacht holst und

| 12 | Nacht

in Deinen nächtlichen Armen wiegst.
Öffne meine hartnäckigen und müden Herzensaugen
für das Wunder aller Lebensnächte,
denn nie bist Du uns so nahe
wie in der Dunkelheit.
Vater.
Lass mich über Dich staunen,
bevor mich die Todesnacht
Dich und Deiner Geduld zurückgibt.
Amen

| 13 | *„Was Er sagt ist unerträglich."* **Einsamkeit und Verkennungen Jesu**

Es ist wahr.
Es ist sehr anspruchsvoll,
was Du sagst.
Du überforderst gern.
Was Du sagst ist unerträglich.
Du sprichst nie nach dem Mund.
Du bist souverän in Deinen Worten.
Du verkündest die Wahrheit.
Deine Wahrheit entblößt.
Deine Worte tun weh.
Was Du sagst ist unerträglich.
Deine Wahrheit beraubt.
Deine Wahrheit enttäuscht mich.
Deine Wahrheit will mich beschenken.
Deine Wahrheit bietet
etwas Neues und Unerwartetes.
Was Du sagst ist unerträglich.
Du mutest mir Deine Wahrheit zu.
Du forderst mich heraus.
Du provozierst unermüdlich
meinen Eigensinn.
Was Du sagst ist unerträglich.
Du ärgerst mich
in meiner Besserwisserei.
Du nervst mich
in meiner Rechthaberei.
Du entäußerst mich.
Was Du sagst ist unerträglich.
Du triffst mich ins Herz.
Du nimmst mir
meine Selbstsicherheit.
Was Du sagst ist unerträglich.
Du führst mich

in die Weite und in die Tiefe.
Du belehrst mich
ohne Belehrung.
Was Du sagst ist unerträglich.
Ich bin anders
als ich denke.
Ich bin anders
als ich mich haben will.
Ich bin zerrissen.
Was Du sagst ist unerträglich.
Dein Wort dringt
in meine Verwundung.
Dein Wort wühlt mich auf.
Dein Wort will heilen.
Dein Wort zeigt mir
meine ungewollten Anteile.
Was Du sagst ist unerträglich.
Dein Wort ist mehr
als ich begreifen kann.
Dein Wort überfordert mich.
Dein Wort erhebt mich.
Dein Wort will mich
wachsen und reifen lassen.
Was Du sagst ist unerträglich.
Du nimmst mir meinen
selbst eingeredeten Frieden weg.
Du machst
meine Selbstgerechtigkeit lächerlich.
Du befreist mich von mir selbst.
Du provozierst mich
in meiner Selbstgenügsamkeit.
Was Du sagst ist unerträglich.
Du triffst mich in meiner Verstocktheit.

| 13 | *„Was Er sagt ist unerträglich.“*
Einsamkeit und Verkennungen Jesu

Du wartest auf mein „JA“.
Du sprengst meine Vereinnahmungsversuche.
Du befreist Dich
von meinen Grenzen.
Was Du sagst ist unerträglich.
Du bist anders.
Du bist ganz anders,
als ich Dich sehe.
Du bist ganz anders,
als ich Dich mache.
Du bist mehr
als mein ICH.
Was Du sagst ist unerträglich.
Du bist anders
als meine Träume.
Du bist anders
als meine Wünsche
Du bist anders
als meine Vorstellungen.
Du übersteigst alles.
Was Du sagst ist unerträglich.
Dein Wort bringt mich
zu mir selbst zurück.
Dein Wort
lenkt meine Aufmerksamkeit
auf mein eigenes Leben.
Dein Wort beraubt mich
meiner Ablenkungen.
Dein Wort erlaubt mir nicht,
ausweichend an die anderen zu denken.
Was Du sagst ist unerträglich.
Danke,
dass Du mich

in die Wahrheit führst.
Danke,
dass Du mich
überforderst und herausforderst.
Was Du sagst ist unerträglich.
Danke,
dass Du mir
die Wahrheit zumutest.
Danke für Deine Wertschätzung.
Danke,
dass Du unaufhörlich zu mir sprichst.
Danke,
dass Du nicht schweigst.
Danke,
dass Du meine Unfähigkeit,
Dich sprechen zu lassen, aushältst.
Was Du sagst ist unerträglich.
Danke, dass Du mir
nicht nach dem Mund sprichst.
Danke, dass Du mich
immer wieder überrascht.

| 14 | Die nächtliche Einsamkeit: Meine Entdeckungsreise

O treuer und ewiger Vater.
Du bist das atmende Allgeheimnis.
Du wendest uns Dein väterliches Antlitz zu
und teilst Dich uns mit.
Wir dürfen Dich einatmen, ansprechen
und mit unzähligen Bildworten benennen.
Du bist der Gegenwärtige und der Nahe.
Und doch dürfen wir uns
Deiner nicht bemächtigen.
Wir dürfen vor Dich hintreten
und Deine Nähe trinken.
Du bleibst dabei dennoch frei
von unseren festhaltenden Begriffen
und unseren Wortnetzen.
Du bist größer als jegliches Gefühl.
Du sprengst unsere höchsten Gedanken.
Unsere Sinne dürfen Deine Schönheit
nur bruchstückhaft einatmen.
Dein Geheimnis entzieht sich
unseren versperrbaren Gästezimmern.
Dein Geheimnis
verschmäht unsere Versuche,
Dich zu kontrollieren.
Vielleicht gehen wir Dir deswegen
so oft aus dem Weg.
Wir machen häufig einen großen Bogen
um Deinen Geheimnisgarten.
Wir verlieren uns
in unseren Erklärungsgeschäften.
Zugleich laufen wir
orientierungslos und sympathisch,
überzeugt von unserem eigenen stolzen Wesen, herum.
Deine Tochter Einsamkeit

passt nicht in unseren Kram!
Sie bleibt, trotz gläubiger Hoffnung,
meist der unliebsame Gast.
Wer sucht denn schon
nach der Begegnung mit ihr?
Wer will denn mit ihr
ins Gespräch kommen?
Wer hört sie an?
Deine Tochter Einsamkeit
erscheint uns
wie die befürchtete und beängstigende Nacht.
Unsere Bilder von der Einsamkeit
sind meist in düsteren und dunklen Farben gemalt.
Ungeachtet unserer Angst und Abneigung
gegenüber der Einsamkeit,
besucht uns Deine Tochter Einsamkeit -
Nacht für Nacht.
Auch, wenn ihre Hoffnung,
unsere Schwester sein zu dürfen,
stets unerfüllt und hungrig
am Rande unserer Lebenswege bleibt,
nimmt sie uns in der Nacht
zärtlich in ihre Hände.
Die Nacht ist ihr natürliches Reich.
In der Nacht dürfen wir ihr
nicht mehr entkommen.
Die Einsamkeit, o Vater,
scheint Deine Wächterin und Dienerin zu sein.
Ungefragt konfrontiert sie uns einfach
mit Deinem allgegenwärtigen Geheimnis.
Unsere Grenzen
kommen dabei so spürbar zum Vorschein.
Die Einsamkeit erinnert uns daran,

dass Du uns nur eine kurze Zeit
anvertraut hast.
Sie ist zugleich die Vorbotin
Deiner zeitlosen und währenden Ewigkeit.
Wenn die Einsamkeit uns
an der Hand nimmt,
streichelt uns oft
eine leichte Brise des Todeshauches.
Vater.
Ist die Einsamkeit nicht gut befreundet
mit Bruder Tod,
jenem Grenzstein der uns anvertrauten Zeit?
Es ist so unheimlich, o Vater,
dass die Einsamkeit,
die Nacht und der Bruder Tod
uns verlässlich in Deine Hände legen.
Wenn zu dieser, Deiner Truppe,
noch das Schweigen hinzustößt,
wird unser heiliges Spiel perfekt.
Die Einsamkeit hilft uns,
unabhängig davon,
ob wir es wollen oder nicht,
Deiner göttlichen und verborgenen Sonne entgegenzuwachsen,
und oft wachsen wir auch
über unsere eigenen Vorgaben hinaus.
Verlässlich öffnet sie uns
die Wachstumsräume.

| 15 | Die gängigen Fluchtstrategien

O geduldiger Vater.
Verwundert musst Du
unseren hartnäckigen Versuchen zuschauen,
wie wir der Einsamkeit
und ihrer duftenden Botschaft
zu entkommen versuchen.
Wir verkraften ihre enge Freundschaft
mit der Freiheit so schlecht.
Wir weichen gern,
sowohl der kostspieligen Freiheit
als auch ihrer Begleiterin: der Einsamkeit, aus.
Unsere freien Entscheidungen
versetzen uns
auf unsere eigenen Gipfel
und entrücken uns dadurch
der menschenvollen Gemeinschaft.
Kindisch hätten wir aber beides gern:
sowohl die Freiheit
als auch die Gemeinschaft.
Wir wollen einfach
die Frucht der Freiheit verspeisen,
ohne für sie zu bezahlen.
Genauso, wie wir gerne
sowohl Recht behalten
als auch die partnerschaftliche Liebe
genießen wollen.
Möglicherweise würden wir sogar
sowohl Dir, unserem göttlichen Vater,
als auch der namenlosen Menge gehören.
O wie schnell flüchten wir
vor der überraschenden
und beschenkenden Einsamkeit
in die tausendfache Routine.

| 15 | Die gängigen Fluchtstrategien

Es spielt dabei keine Rolle,
ob es die Routine
im Denken,
in der Arbeit,
im Tagesablauf,
in den Gewohnheiten
oder in den unzähligen Traditionen ist.
Wir wollen einfach an der Absicherung
vor Deiner Überraschung festhalten!
Dieses blinde Festhalten
an unserer Vergänglichkeit
führt uns sogar
in die glitzernden Spielpaläste.
Unzählige Spielcasinos,
Spielplätze und Spieler
stehen uns gegen Gebühr zur Verfügung.
Gekaufte Liebe paart sich gerne
mit der virtuellen Liebe.
O wie oft kommt uns das Vereinsleben entgegen,
damit wir bloß nicht
mit der eigenen Familie
oder mit der eigenen Einsamkeit
zu sehr konfrontiert werden!
Wie oft wird auch das Geschenk der Arbeit
als die Pille
gegen den Föhn der Einsamkeit gebraucht!
Du schenkst uns, o Vater, die Arbeit
als die sprudelnde Quelle
der Bestätigung, der Einnahmen
und der Anerkennung!
Es ist ein schmerzlicher und süßer Fehler,
die Arbeit zu unserem Leben zu machen!
Weder die Arbeit

noch die Kinder sind dazu da,
um uns hinter ihnen verstecken
oder vor uns selbst zu verstecken!
Auch die Karriere
entpuppt sich als Luftschloss
in unserem Lebensgarten.
O wie selten verleihen wir
der summenden Stille der Erholung
in unserem Leben Raum und Zeit!
Unsere durchgeplanten Kalender
verbannen die bescheidene Einsamkeit
sowohl aus unserer Freizeit
als auch aus unseren heiligen Urlauben.
Manchmal bleibt sogar das Gebet nicht verschont
von unserer panischen Angst
vor der Begegnung
mit unserem stillen Inneren.
Wie schnell übersehen wir
die kostbare Kapelle des Schweigens
inmitten unseren Zwiesprachen mit Dir, o Vater!
O wie gerne reden wir Dich im Gebet nieder
und betäuben Deine Ohren
mit unseren monotonen Texten!
Wie schwer auszuhalten erscheint uns oft
die königliche Stille unseres Mundes,
unseres Körpers und unserer Gedanken
vor Deinem gütigen, aufmerksamen
und geduldigen Antlitz!
Was für ein Wunder wird uns beschert,
wenn die Schwester Einsamkeit
uns aufmerksam und hellhörig macht
und Dich sprechen lässt!
Vater!

| 15 | Die gängigen Fluchtstrategien

Sogar als Kirche gönnen wir uns,
trotz der Ermüdung und des überfüllten Kalenders,
jene heilsamen Momente der betenden Einsamkeit!
Ist das dauernde Berieseln mit Musik,
das fortwährend eingeschaltete Radio und
der ständig flimmernde Fernsehapparat
nicht ein Hinweis
auf unser Aussperren der Einsamkeit?
Sogar das segensreiche Spazieren
durch die Wälder und Wiesen
weicht der umtriebigen Walkingleistung!
Warum die Planung und unsere Kalender
so bestimmend und heilig geworden sind?

| 16 | Schwester Einsamkeit

O, treuer und gegenwärtiger Vater!
Immer wieder überlistest Du mich.
Fantasievoll umgehst Du meine Fluchtwege.
In Deiner väterlichen Fürsorge
gönnst Du mir
die Begegnung mit Schwester Einsamkeit.
Ich frage so selten nach Deinem Willen.
Viel zu wenig bin ich für Dich da.
Es fällt mir schwer,
Deiner leisen Stimme
in meinem Gewissen zu lauschen.
Ich horche nicht auf Dich -
weder in der Kirche
noch zuhause,
nicht in den Begegnungen mit den anderen,
und auch nicht im fließenden Leben.
Ich verzettle mich so gern
in der Umtriebigkeit des Alltages.
Ich gebe mich
meiner hyperheiligen Aufgabe
leidenschaftlich hin.
Ich verliere mich
im Fleiß der Arbeit.
Ich laufe nicht nur
vor der summenden Stille,
die so schwanger ist mit Dir, davon.
Ich gehe nicht nur Dir aus dem Weg.
Ich flüchte auch vor mir selbst.
Und Du wartest und wartest.
Du schaust meinem Fleiß zu
und staunst und hoffst.
Trotzig und uneingeladen
folgst Du mir.

| 16 | Schwester Einsamkeit

Und wenn ich mich selbst
fast gänzlich aufgegeben habe,
wenn mir die Oberflächlichkeit
der Begegnungen und Beziehungen droht,
schickst Du
Deine verlässliche Botin zu mir:
die Schwester Einsamkeit
Sie zerstreut meine Unwichtigkeiten.
Sie zerlegt
den matten und leeren Glanz der Selbstdarstellung.
Sie enthüllt
die schön geschmückten, leeren Worthülsen.
Die unliebsame Einsamkeit
holt mich zuverlässig heim.
Und ich stemme mich dagegen.
Ich versuche wegzulaufen.
Ich überhöre sie.
Ich übersehe ihre Gesellschaft.
Ich verdamme sie.
Ich vergrabe sie
in den Kellern des Vergessens.
Und doch holt sie mich
in mein wahres Zuhause zurück!
O, gegenwärtiger Vater!
Ohne Schwester Einsamkeit
wäre ich nur
ein tönendes Erz
oder eine lärmende Pauke.
Die Einsamkeit
ist die Zwillingsschwester der Liebe.
Sie behütet und beschützt mich vor mir selbst.
Sie holt mich heim
aus den fremden Gärten.

| 16 | Schwester Einsamkeit

Sie befreit mich
von den selbstangelegten Ketten.
Sie macht mir die Tür
zur blühenden Lebenswiese weit auf.
Sie bevormundet und vereinnahmt mich nicht.
In ihrer Sturheit,
stellt mich Schwester Einsamkeit
vor den Spiegel Deiner Augen.
Vater!
Werde ich diese Schwester
einmal liebgewinnen?
Werde ich die Kraft aufbringen,
sie auszuhalten
und ihre Botschaft zu verstehen?
Bräuchte ich nicht öfter
ihre klare Umarmung?
Kann ich Dich, o Vater, einatmen,
ohne ihr Beisein?
Wieso fürchte ich mich so sehr?
Wovor habe ich Angst?
Was vermute ich denn?
Bin ich wirklich so ein Ungeheuer?
Wohnt in mir nur die hässliche Dunkelheit?
Habe ich wirklich Grund dazu,
panisch die Flucht zu ergreifen?
O gegenwärtiger Vater!
Wieso vertreibe ich Dich
aus Deinem angestammten Reich?
Du bist ja da!
Du lässt mein eigenes Inneres
als ein Reich der vielfältigen Geheimnisse zu.
Ich bin für Dich kein Kreuzworträtsel,
das Du oder sonst jemand zu lösen hätte.

| 16 | Schwester Einsamkeit

Kannst Du mir, o Vater,
Deine Kraft verleihen,
damit ich meine eigene Geheimnisse
in ihrer Undurchschaubarkeit aushalte!
Hilf mir,
mein atmendes und bedürftiges Innenleben
anzuschauen und zu ertragen!
Lass mich
meine eigenen Unsicherheiten
und magischen Abgründe
geduldig sehen und verstehen.
In der Einsamkeit
reichst Du mir Deine fürsorgliche Hand
und streckst Dich mir
einfühlsam und liebevoll entgegen.
Halte ich so viel zärtliche Intimität mit Dir aus?

| 17 | Du, meine Schwester Einsamkeit

Du, meine Schwester Einsamkeit.
Lange habe ich mich nach dir gesehnt.
Du bist mir so abgegangen.
Ich heiße dich herzlich willkommen.
Was wäre ich ohne dich?
Wie hohl wäre mein Inneres
ohne deine Gegenwart.
Du bist meine treue Schwester.
Du bist die verlässliche Weggefährtin.
Du bist mein Schutzengel.
Du bist Sein Geschenk.
Du richtest meine Pfade gerade.
Sanft ebnest du
das Krumme meiner Gedanken.
Hartnäckig verweilst du
in meiner Nähe.
Jetzt gehöre ich nur dir.
Ich gebe mich dir hin.
Ich atme dich gern.
Komm, nimm mich an der Hand
und führe mich auf Seinen Wegen.
Durchdringe mich,
damit Er mich ansprechen kann.
Kläre das Ungeordnete.
Gib mir Mut,
das Unansehnliche anzuschauen.
Baue in mir die schlichte Kapelle
für die Zwiesprache mit Ihm.
Mache es dir bequem in mir.
In der kommenden Zeit
werde ich dir folgen.
Ich werde deiner Stimme lauschen.
Dein Schweigen möge in mir singen.

| 17 | Du, meine Schwester Einsamkeit

Du, meine Schwester Einsamkeit.
Wie gut du mir tust.
So viele Jahre bin ich dir weggelaufen.
Welche Schätze habe ich dadurch verloren!
Ich kann nicht aufhören, dir zu danken
für deine wohlwollende Gegenwart.
Du bist mehr als der Gottesfinger,
der auf Ihn hinweist.
Du bist mehr als der Himmel,
den Er über mir ausdehnt.
Du bist Sein Geschenk.
Du bist Seine Botin.
Du bist Sein Kind.
Reden wir miteinander.
Dufte in mir.
Schenke mir deine entzückende Nähe.
Ergreife mich.
Leite mich.
Erfülle an mir Seinen Willen.
Du, meine geliebte Schwester.
Jetzt bist du dran.
Ich höre.
Du bist da.

| 18 | Wüste

Mein Leiden macht mich stumm.
Ich werde restlos leer.
In diesem Niemandsland
ertönt nahezu lautlos
ein sanfter Klang.
Meine Ohren
lauschen aufmerksam.
Es ist nicht irgendein Ton.
Deine Stimme,
Deine väterliche Stimme,
spricht liebkosend
meinen Vornamen aus.
Verwirrt und überrascht
hebe ich mein Haupt.
Meine müden Augen
hören auf,
den staubigen Boden
passiv anzustarren.
Ich erhebe mich langsam.
Überall um mich herum
zeigen sich mir bisher unsichtbaren Spuren.
Langsam sehe ich ein:
Der Todeswunsch
betäubte bisher meine Seele
und er verblendete meinen matten Geist!
Erst jetzt entdecke ich verwundert
Deine leise und stille Gegenwart.
Sprachloser Schmerz
und frustrierende Enttäuschungen
verschlossen mein Herz!
Du warst da!
Vor mir und hinter mir -
und trotzdem war ich

wie geistlos und abwesend.
Das verzweifelte Schreien
ermüdete meine Stimme
und führte mich
in ungewolltes Schweigen.
In dieser Stille fängt alles an.
Das größte Wunder wächst
aus dem Sandboden der Wüste hervor:
meine Einsamkeit ist erfüllt von Dir.
Mein Schmerz ist schon
in Deinem väterlichen Herzen beherbergt.
Meine Tränen befruchten
Dein Inneres, Vater.
Ich liege nicht im staubigen Sand,
sondern ich ruhe
an Deinem erdigen Herzen.
Ich falle nicht
in den Abgrund der Vereinsamung,
sondern ich werde unsichtbar
aufgefangen und getragen.
Erst in dieser Wüste
erlebe ich die beklemmende Einsamkeit
als zärtlichkeitserfüllte Zweisamkeit.
Jetzt kann ich nicht mehr
vor Dir weglaufen.
Ich schaffe es nicht,
Dir wieder Rücken zu kehren.
Wohin ich mich auch wende,
überall betrachten mich,
sehnsuchtsvoll und von Liebe entflammt,
Deine väterlichen Augen!
Erst hier merke ich,
dass ich mich nirgendwo

vor Dir, o Vater, verbergen kann.
Sogar in der tiefsten Tiefe meiner Abgründe
ruhst Du achtsam und ganz leise.
Auch in der dunkelsten Finsternis meiner Seele
wohnst Du.
Die abscheuliche Schuld
verbirgt Dich.
Die tränenreiche Vereinsamung
ist wie eine Bühne
für Deine Hoffnung
auf meinen heimkehrenden Blick.
Vater!
Du sonderbarer Gott.
Du wartest geduldig
auf meine Bewilligungsgeste,
damit Du meine verdorrte Wüste
in den blühenden Garten
Deiner ewigen Gegenwart verwandeln kannst.
O gütiger Vater!
Brauche ich wirklich
den reinigenden Tränenbach,
um Dich hier und jetzt zu sehen?
Muss ich mich erst in die Wüste schleppen,
um fähig zu werden,
Dir Aufmerksamkeit zu schenken
und Deine Zärtlichkeit auszukosten?
Warum fällt es mir so schwer,
auf Dich zu hoffen?
Muss ich erst zugrunde gehen,
um Dich,
den einzig tragenden Inhalt meines Lebens,
zu entdecken?
Vater,

| 18 | Wüste

komm mir entgegen
und hilf mir,
dass ich sehe, einfach aufmerksam sehe,
auch ohne zuvor weinen zu müssen!
Du führst mich
in die Wüstenweite hinaus,
damit ich dort
das duftende Leben
Deiner umarmten Kinder erfahre.
Warum entdecke ich erst in der Wüste
Deinen Lebensbrunnen?
Vater!
Danke! Danke! Danke!

| 19 | Ohnmacht

O, gnädiger und treuer Vater.
Mein Herz beruhigt sich langsam
von den tiefen Verwundungen.
Es blutet noch ein wenig.
Jeden Tropfen sammle ich ehrfürchtig
im Krug meiner Erinnerungen.
Meine verwundeten Hände
tragen den vertrockneten Wundverband zu Dir,
um ihn Dir zu schenken.
Der letzte Wüstensturm
verharrt noch in meinem Gedächtnis.
Du hast meine Wüste
in ein Paradies verwandelt.
Du hast mich in meiner Stärke
und in meiner Selbstgenügsamkeit besiegt.
Du hast mich
in das Reich der Ohnmacht geführt.
Mein Verzweiflungsschrei
klingt noch in meinen Ohren.
Den bitteren Geschmack der Einsamkeit
verwandelst Du in den dunkelroten,
fruchtig schmeckenden Wein
unserer vertrauten Zweisamkeit.
Voller Narben,
und zugleich bereichert,
komme ich
aus diesem mörderischen Krieg heraus.
O Vater!
Gedanklich führst Du mich
immer wieder dorthin zurück.
Die mit Tränen getränkte Wüste
lässt mich nicht in Ruhe.
Reich bin ich dort geworden.

| 19 | Ohnmacht

Mit neuen und gereinigten Augen
betrachte ich nun staunend Deine Welt.
O Vater!
Ehrfurchtsvoll empfange ich
jeden einzelnen Tag
als Dein einmaliges Geschenk an mich!
Die Trauerkleidung der Weinenden
zwingt mich nicht mehr zur Flucht
in sterile Lösungen
oder in hilflose Ratschläge.
Immer besser halte ich
den fluchenden Schrei der Traurigen aus.
Dem Blick der Verzweifelten
weiche ich nicht mehr aus.
Bei den Schuldbeladenen bleibe ich
still und solidarisch stehen.
Die Ängstlichen betrachte ich
als meine Geschwister.
Ich suche nach der Nähe derer,
die mit Dir hadern.
Die panische Furcht vor der Einsamkeit
sucht mich nicht mehr heim.
Die akademischen Lösungen
schrecken mich erneut ab!
Ich habe Angst
vor der Begegnung mit den Aufgeblasenen.
Die Erfolgreichen bleiben mir,
trotz Sympathie, fremd.
O Vater!
Du gibst mir Mut,
das Scheitern nicht mehr wegzubeten.
Vielmehr betrachte ich es neugierig,
weil ich die demütige Gewissheit habe,

| 19 | Ohnmacht

dass Du es bewohnst!
Die Hilflosigkeit habe ich damals umarmt.
Ich bin dabei nicht gestorben.
Gestorben ist aber meine Angst davor.
Das geflickte Kleid meiner Ohnmacht
verberge ich nicht mehr vor Dir.
Meine bloße Nacktheit
gehört zu den heiligsten Opfergaben an Dich.
Die Armee der Aufmerksamkeit
und Verständnis suchenden Ängste
marschiert gehorsam
vor Dein weises Antlitz.
Angesichts der schmerzerfüllten Gedichte
lass mich nur zur Klagemauer werden,
die jede blutende Träne
würdig aufhebt und wiegt.
Ich möchte mich einreihen
in den schluchzenden Kondukt der Verlassenen.
Behüte mich, o geduldiger Vater,
vor den vernichtenden und verbrennenden
Worten einer Erklärung.
Gib mir Kraft,
mit dem stechenden Schmerz
von Angesicht zu Angesicht
in der geheimnisvollen Lebenskammer zu verweilen.
Nagle meine Zunge
an das Kreuz der schweigenden Solidarität an!
Nichts wegreden!
Nichts verschweigen!
Nur nicht die Tränen verunreinigen
mit der Ohnmacht scheuenden Sinnsuche.
O Vater!
In der Wüste hast Du mich aufgelesen.

| 19 | Ohnmacht

Im Staub hast Du mich gefunden.
Meine Nacktheit hast Du bekleidet
mit Deiner unverlierbaren Würde!
Die Tränen ließen mich sehen.
Der Schmerz weckte mein Herz auf.
Deine Hand führte und trug mich.
Lass mich die Dunkelheit aushalten!
Lass mich mit Dir
unsichtbar nach innen weinen.
Schenke mir heilige Ehrfurcht
in jeder kostbaren Begegnung
mit der menschlichen Hölle!
Wenn Du mich wieder an der Hand nimmst,
um mir die aussätzige Hand
eines Nächsten anzuvertrauen,
so hilf mir,
einfühlsam zu hören
und achtsam zu sehen.
Führst Du mich nochmals
in die Wüste hinaus,
führst Du mich
in das Heiligtum der Ohnmacht hinein,
so lass mich wortlos beten.
Verschlingt mich
die grausame Nacht der Sünde,
so leuchte mir
in den unzähligen Sternen entgegen.
O Vater!
Deine göttliche Solidarität
sprichst Du kaum
in salbungsvollen Worten aus.
Dein mitfühlender Atem
belebt meinen erstickenden Geist.

| 19 | Ohnmacht

Deine wortlose Gegenwart
umgarnt mich und trägt mich.
Da Du mich liebst,
leidest Du verborgen mit mir.
Du erdrückst mich nicht
mit stolzierendem Trost.
Du lässt mich weinen,
damit sich meine Tränen
mit Deinem mitfühlenden Tränenmeer verbinden.
Mein Leiden verschmilzt geheimnisvoll
mit Deinem Schmerz!
In Demut verzichtest Du
auf verführerische Silben.
Du nimmst unsere Zerbrechlichkeit
in Deine mitfühlenden Hände
und siehst uns so einfühlsam an.
Du bleibst bei uns stehen
und Du schweigst.
Deine wortlose Nähe
ist der uns berührende Hauch Deiner Liebe.
Du bist da,
inmitten der dunklen Nacht.
Und das genügt.
O Vater!
Ich habe nichts dagegen,
wenn Du auch mich
– nach Deiner Art –
zu solch einer Schale formst.

| 20 | Du und ich!

Auf einem kleinen Fleck des Weltalls
begegnen wir einander
im Tempel der Einsamkeit.
Nur Du und ich.
Wir beide,
unzertrennlich miteinander verbunden,
aber nicht verschmolzen.
Zugewandt und nicht vereinnahmend!
Der leise Klang der Leere
singt das Lied Deiner Sehnsucht nach mir.
Du hältst mich wieder fest
in den Fangarmen der Zärtlichkeit.
Die Einsamkeit atmet Dich.
Jeder meiner Schritte
in diesem erhabenen Tempel
hallt in Deinem Herzen wider.
Du bist da; unendlich da.
Die Zeit öffnet ihre Tore
für Deine Ewigkeit.
Der Himmel neigt sich mir zu
und schenkt mir
Tropfen Deiner Nähe
für mein dürstendes Brunnenherz.
Du bist da:
Schlicht wie ein Schilf am vergessenen See.
Selbstverständlich wie der jugendliche Wind.
Deine Gegenwart liebkost
meine Enttäuschungen und meine Schuld.
Du bist da.
Wie die Nachtigall
singst Du für mich.
Schwester Einsamkeit lässt Dich,
im Rausch Deiner Liebe, nicht allein.

| 20 | Du und ich!

Sie schenkt mich Dir!
Mein zitterndes Ich wird Dir anvertraut.
In der Nacktheit unserer Rollen
schaue ich Dich unvermittelt an.
Du bist da.
So direkt!
So duftend!
Du pustest sanft
in mein ängstliches Gesicht.
Du umarmst meinen Schmerz.
Du wärmst meine Verlassenheit.
Gelassen schließe ich die Augen
und sehe Dich in der Pracht der heiligen Stille.
Du.
Das atmende und streichelnde Du.
Meine umtriebige Fantasie
verstummt demütig.
Die bunten und unruhigen Bilder verschwinden.
Es bleibt nur das ganze horchende Weltall.
Dein Du umgibt mich.
Dein Du legt seinen Arm
auf meine müden Schultern.
Dein Du umarmt mich.
Dein Du durchatmet mich.
Dein Du taucht mich in Dich hinein.
Dein Du...
Du, Du, Du.
Immer Du.
Am Anfang Du !
Am Ende ebenfalls Du!
Wieder Du!
Ein leises Du.
Ein ewiges Du.

| 21 | Einsamkeit. Du bist mein Zuhause!

Es regnet, o Vater,
doch Du gibst mir ein kleines Schutzhaus.
Es ist kalt und windig,
doch Du wärmst mich.
Du bist mein Zuhause.
Verloren im fremden Land,
behause ich Deine Gegenwart.
Niemand ist da.
Doch! Du bist da.
Nicht einmal die Vögel zwitschern.
Doch!
Deine leise Nähe
summt in meinem Herzen:
„Ich bin da."
Du sperrst mich nicht
in einen warmen, sicheren Palast.
Meine Glaubensaugen sehen,
in gewohnter Weise,
hinter die regnerischen Wolken.
Es regnet auf meine Haut
und in meinem Inneren scheint Deine Sonne.
Dunkel und bewölkt ist es um mich herum.
Trotzdem sehe ich schon
die beschenkende Sonne
am himmelblauen Firmament.
Du wiegst mich
in dieser einsamen Zweisamkeit.
Die menschliche Wüste
bringt mich wieder nach Hause.
Bei Dir, o Vater, bin ich zuhause.
Noch mehr
möge es regnen.
Umso mehr werde ich nach Dir dürsten.

| 21 | Einsamkeit. Du bist mein Zuhause!

Noch größere Einsamkeit
möge mich befallen.
Dadurch wird Deine Nähe nur noch wärmer.
Noch schmerzlicher
möge das Alleinsein werden.
Umso spürbarer wird Deine brennende Liebe.
Noch kälter
möge es werden.
Deine Zärtlichkeit
wird mich noch mehr wärmen.
Noch länger
möge diese menschenleere Zeit dauern.
Umso mehr werde ich Dir angehören.
Noch schmerzlicher
möge es werden.
Deine Freiheit wird mich beflügeln.
Noch dunkler
möge es werden.
Umso kleiner wirst Du dann auftreten.
Noch tränenreicher
möge es werden.
Der leidenschaftliche Freudentanz
dreht sich schon.
Vater, Du umarmst mich von allen Seiten.
Deine Hände tragen mich so behutsam.
Du bist so verwöhnend in Deiner Treue.
Das Blau sickert schon durch.
Vater!
Der Regen und die Einsamkeit
geben Dir bei mir ein kleines Zuhause.
Du bist nicht mehr allein.
Wir sind nicht mehr einsam.
Wir schenken einander warme Aufmerksamkeit.

| 21 | Einsamkeit. Du bist mein Zuhause!

Schwester Einsamkeit
tut ihren Dienst und öffnet die Herzenstore.
Sie führt mich zu Dir nach Hause zurück.
Schwester Einsamkeit,
Du bist die Vorbotin des Glücks.
Du bist die Botschafterin
meines gegenwärtigen Vaters.

| 22 | Einsamkeitswonne

Leise und bestimmt machst du die Tür
meiner Einsamkeit auf.
Lange sehntest Du Dich
nach diesem, unseren Augenblick.
Seinen bitteren Vorgeschmack
löstest Du schon früher auf
in Deinen häufigen Liebkosungen.
Jetzt sind WIR –
nur Du und ich .
Der heilige Moment
wiegt mich in seinen Armen.
Du bist da!
Deine Nähe streichelt mich.
Deine Gegenwart
stillt mein hungriges Herz.
Deine Anmut beruhigt.
Deine Zärtlichkeit atmet in mir.
Deine gütige Allmacht duftet.
Deine Schönheit hebt mich empor.
Deine Selbstlosigkeit ergreift.
Deine Einfachheit bettet sich in mir.
Deine Hingabe berührt das Innerste.
Dein Blick beglückt.
Dein Anblick beflügelt.
Dein Atem liebkost mein Gesicht.
Deine Geduld reinigt mein Gewissen.
Dein Du verführt.
Deine Sehnsucht brennt.
Deine Weisheit fruchtet.
Deine Fantasie blüht auf.
Deine Geborgenheit verschenkt sich.
Deine Suche ruht sich aus.
Deine Wonne

entfacht das Feuer der Leidenschaft.
Du mein Du
einfach Du
nur Du.
Verschmolzen in der Stille mit mir,
verloren im glücklichen Schweigen –
Dein wärmendes Du.
Du pflückst meine Gedanken.
Du stiehlst die Worte.
In aller Klarheit –
Du, geheimnisvolles Du.
Dein Atem glüht langsam.
Deine Augen glitzern.
Diese Zwiesprache ist so wohltuend.
Sie gleicht meiner nächsten Geburtsstunde.
Die Einsamkeit
wirft mich in Deine Arme.
Das Schweigen
füllt sich mit der Wonne unserer Begegnung.
Das Verweilen
mit Dir,
lässt mich, mich selbst vergessen.
Das Anschauen
Deines Antlitzes befreit mich
von meiner fremden Macht.
Dein Blick schenkt mich mir zurück.
Die Einsamkeit verwandelt sich so
zum leidenschaftlichen Tanz.
Das unscheinbare Glück
gießt sich in der Gegenwart aus.
Du bist da
Und das genügt,
denn Du bist mein Zuhause.

| 22 | Einsamkeitswonne

22. Ich fürchte keine Einsamkeit

O gegenwärtiger Vater!
Du bist da:
aufmerksam und leise atmend.
Du bist da
als ein einfühlsamer und fürsorglicher Vater.
Du lädst mich wortlos ein,
wie Du da zu sein:
voller Aufmerksamkeit
und mit den dürstenden und streichelnden Augen.
Ich bin wie Du da:
die mich umgebende Welt aufnehmend.
Ich bin nicht nur neben den anderen da.
Ich schaue ihnen zu.
Ich höre ihren Worten zu.
Ich wende mich den anderen zu.
Ich gehe an den anderen
nicht gleichgültig vorbei.
Diese Welt und dieses Leben
sind für mich
weder die Bühne für meine Selbstdarstellung
noch eine Mietwohnung.
Es ist mein Zuhause.
Du bist da, o Vater,
und Deine Gegenwart ermutigt mich,
Deine väterlichen Blicke
wahrzunehmen und zu beherbergen.
Selbst angeschaut,
schaue ich wohlwollend den anderen zu.
Ich bin zwar ein unermüdlicher Nomade,
aber durch Deinen leisen Blick,
der auf meinem Rücken ruht,

fühle ich mich hier und jetzt heimisch.
Diese Zeit ist mein Zuhause.
Diese Zeit ist meine Zeit.
Meine Art ist Dein Geschenk.
Meine zerbrechliche und scheue Sensibilität
lässt mich nicht nur
die Zwischenzeilen des Lebens sehen
und die unausgesprochenen Worte hören.
Sie schützt mich vor der sinnlosen Einsamkeit.
Meine bedürftige Sensibilität
warnt mich wirkungsvoll
vor der Heimtücke des Egoismus.
Sie lässt mich
einen großen Bogen
um die bequeme Durchschnittlichkeit machen.
Meine verwundbare Sensibilität
macht mich rasch
auf die gut getarnte Hoffnungslosigkeit aufmerksam.
Sie warnt mich ebenso
vor der eisigen Sinnlosigkeit
und vor der hohlen Oberflächlichkeit.
Die unbequeme Sensibilität
macht die Gefahr der gähnenden Leere zunichte.
Sie lässt mich
den feinen Strom der Freiheit in mir
spüren und sprudeln.
In der menschenleeren Nacht
bleibe ich nicht allein.
Im Sumpf der Lügen
koste ich die zarten Tropfen
der nicht zu kaufenden Wahrheit.
Die Begegnungen lasse ich freiwillig zu.
Mein Leben ist eine summende Wiese

voll bienenhafter Begegnungen.
Ich flüchte nicht in Gespräche,
um der herben Einsamkeit zu entfliehen.
In meiner Bedürftigkeit vertraue ich mich
den Ausgewählten an.
Manchmal beschenke ich meine Freunde
mit meiner Einsamkeit.
Doch oft schwitze ich mein Alleinsein
unbemerkt und alleine aus.
Der anmutige Winter
meiner heiligen Einsamkeit
lässt mich so klar und so weit sehen.
Ich will den anderen nicht
meiner Einsamkeit wegen begegnen.
Die verwaiste Einsamkeit
schenkt mir nicht die Wärme der Umarmung.
Nur meine bewohnte und adoptierte Einsamkeit
lässt frei und würdig
die Begegnungen geschehen.
Die Ziegel meiner stechenden Einsamkeit
bauen in mir
die heilige Kapelle
der intimen Zwiesprache auf.
Die Einsamkeit macht mich aufmerksam
auf die Mitwanderer.
Ich atme die fremden Stimmungen.
Die geschwisterlichen Schicksale
rütteln meine Ruhe auf.
Ohne unsichtbaren Zwang
schenke ich mein Ohr
den hungrigen Erzählungen.
Ein zarter Funke der Betroffenheit
verzehrt mein Inneres.

| 22 | Einsamkeitswonne

Armlos umarme ich
das anvertraute Bruderlos.
Der wandernde Hunger
findet in meiner vernarbten Seele
seinen nährenden Ort.
Meine Sensibilität
speichert all die Tränen
und das fröhliche Klatschen des Alltags.
Das spitzbübische Lächeln des spielenden Kindes
wärmt mich.
Die oberflächliche Durchschnittlichkeit
umgeht meine Wiesen.
Das hallende Tratschwort
schießt an meinen Ohren vorbei.
Die heilige Einsamkeit führt mich
zum eigenen Herzensfeld zurück.
Ich weigere mich,
das fremde Leben zu kauen.
Betroffen meide ich
die inoffiziellen Gerichtsverhandlungen des Pöbels
über das fremde Verhalten.
Der unausgesprochene Schmerz
des Nachbarn
nimmt mich unsichtbar an der Hand
und lässt mich fürbittend beten.
Die Schönheit der Zerbrechlichkeit
lässt ihre Hüllen fallen
und ergreift mein Herz.
Keine Zeit für die Langeweile!
Kein Platz für die billige Anpassung!
Keine Lust für das Nachplappern
fremder Tratschlieder.
Die Einsamkeit versetzt meine Schritte

ins Land der nackten Gegenwart.
Und das ist gut so!

| 23 | *„Der Glaube ist es, im Schweigen Gottes zu verweilen!“* (Tadeusz Gadacz)

O geheimnisvoller Vater.
Du umgibst und berührst mich von allen Seiten.
In Dir lebe und atme ich.
Du lebst in mir
und ich atme Dich ein und aus.
Du bist meine Quelle.
Du bist mein heiliger Ursprung.
Du bist die wartende Umarmung meines Endes.
Du durchdringst mich.
Du verführst und bezauberst mich.
Du faszinierst meine Sinne.
Du bezauberst mein Inneres.
Du verwunderst meine Gedanken.
Du streichelst mich mit Deiner Nähe.
Du pustest mir leise und zart ins Gesicht
in der Zeit unserer Zwiegespräche.
Du bist so nahe und so spürbar.
Wohin könnte ich flüchten
vor Deinem verständnisvollen Blick?
Und doch entziehst Du Dich mir.
Du umgehst die klebrigen Fangnetze
meiner Vorstellungen.
Du bleibst vollkommen frei wie der Wind.
Du bleibst so unberechenbar wie der Sturm.
Du liebst es,
geheimnisvoll zu sein.
Du bleibst unter uns so souverän wie die Sonne.
Als Atem bist Du der Lebenspendende.
Du scheinst mit uns
„Katz‘ und Maus“ zu spielen.
Du lässt Dich nicht festhalten.
Nichts ist imstande,
Dich sesshaft zu machen.

| 23 | *„Der Glaube ist es, im Schweigen Gottes zu verweilen!“* (Tadeusz Gadacz)

Niemand kann Dich und Deine Wahrheit pachten.
Wir sind angewiesen
auf Deine bruchstückhaften Almosen.
Du liebst es,
unser ungekrönter König zu sein.
Nichts scheinst Du mehr zu lieben,
als die unspektakuläre Gewöhnlichkeit.
Du bevorzugst das Alltägliche.
Du bewohnst das Zerbrochene.
Du buhlst ums Sündhafte.
Du sehnst Dich nach dem Unvollkommenen.
Du betrittst das Verbotene.
Du berührst das Unantastbare.
Du speist das Gescheiterte.
Du hebst das Schmutzige.
Du trinkst das Misslungene.
Du umarmst das Abgelehnte.
Du verbirgst Dich im Offensichtlichen.
Du vermeidest das Wundervolle.
Du liebst das Hässliche.
Du verbindest das Verwundete.
Du küsst das Kranke.
Du bringst das Verschwiegene zur Sprache.
Du legst Deinen Arm auf das Ratlose.
Du tanzt mit den Gefangenen.
Du läufst mit den Gelähmten.
Du weinst mit den Glücklichen.
Du hoffst mit den Verliebten.
Du leidest mit den Geduldigen.
Du wartest mit den Verlorenen.
Du gesellst Dich zu den Abgeschriebenen.
Du schaust das Unansehnliche an.
Du verwunderst die Eitlen.

| 23 | *„Der Glaube ist es, im Schweigen Gottes zu verweilen!“* (Tadeusz Gadacz)

Du verunsicherst die Sicheren.
Du hebst die Erniedrigten auf.
Du verurteilst die vermeintlich Makellosen.
Du staunst über die Reichen.
Du sinnierst über die Erfolgreichen.
Vater.
Du bist so unberechenbar.
Du bist so anders.
Du bist da
und trotzdem bleibst Du so fern -
so spürbar und doch unfassbar.
Vater, Deine verborgene und göttliche Art
lässt mich leiden.
Du entziehst Dich konsequent jeglichen Versuchen,
Dich dingfest zu machen.
Du bleibst so unbequem geheimnisvoll.
Du bist da
und trotzdem sprechen unzählige Beweise gegen Dich!
Du bist gegenwärtig
und trotzdem scheinst Du,
durch Deine Verborgenheit,
abwesend zu sein.
Du bist der leise Lebenshauch
und unsere Gesichter werden trotzdem
durch die Lebensstürme gepeitscht.
Du beschenkst uns,
aber Deine Geschenke
bleiben an unseren Händen nicht haften.
Du gibst,
als würdest Du uns nur etwas leihen!
Du liebst uns,
aber Du bleibst dabei schön unabhängig.
Du liebst uns,

und trotzdem lässt Du Unmögliches zu!
Du liebst uns
und trotzdem überforderst Du uns.
Du bist bei uns,
aber so verborgen und so unauffällig,
dass ich mich fragen muss,
ob Du wirklich da bist!
Du bist in Deiner Art so unmenschlich.
Ehrlich gestanden:
Du machst es mir nicht leicht,
Dich den anderen zu geben
und Dich weiter zu empfehlen!
Du kannst Dich irgendwie nicht präsentieren!
Irgendwie bleibst Du wild und unangepasst.
Ich fürchte immer mehr,
von Dir zu erzählen.
Als Dein Anwalt
bin ich mit Deiner Demut
maßlos überfordert.
Wie soll ich denn Deine Gegenwart
denen spürbar machen,
die mit dem Leidenswasser
überschwemmt werden?
Wie soll ich denn Deine Liebe
plausibel verkünden,
wenn Du so viel Ungerechtes zulässt?
Wie soll ich denn Dich bezeugen,
wenn Du uns
so viel Unmenschliches zumutest?
Wie soll ich Dich als Gott weiterschenken,
wenn Du in Tränen zerfließt?
Wie soll ich Dich präsentieren,
wenn Du Dich mit Ohnmacht kleidest?

| 23 | *„Der Glaube ist es, im Schweigen Gottes zu verweilen!“* (Tadeusz Gadacz)

Vater!
Du bist oft so wenig entgegenkommend
unserer Menschlichkeit gegenüber!
Es bleibt mir oft nichts anderes übrig,
als Dir zu vertrauen
und auf Dich zu hoffen.
Vater!
Deinetwegen verweile ich geduldig
in Deinem Schweigen!
Der Respekt vor Deiner Art
gibt mir die Kraft dazu.
Amen.

| 24 | Einfache Einsamkeit

Du umgibst mich von allen Seiten.
Du hüllst mich
in den kostbaren Mantel Deiner Gegenwart ein.
Dein leiser Atem
durchweht mich.
Deine Zuwendung
weiht mich Dir ein.
Du verführst mich dazu,
mich am einsamen Verklärungsberg Tabor aufzuhalten.
Deine duftende Stille
ist mein Zuhause.
Dein göttliches Schweigen
summt in mir.
Deine sehnsuchtsvolle Einsamkeit
baut meine innere Stadt auf.
Die wortlose Zwiesprache mit Dir
kleidet mein Herz
mit dem Nomadengewand.
Deine Einsamkeit
wird zu meinem zweisamen Schicksal.
Die Sehnsucht nach Deinen Kindern
schickt mich
in die schreiende Schar am Marktplatz.
Die ungeweinten Tränen Deiner Kinder
fallen unauffällig
in meinen Herzenskrug.
Die staubigen Wege Deiner Kinder
sind meine Wege.
Im Haus der Stille
nehme ich
die unsichtbaren und blutenden Wunden
meiner Geschwister
in meine Gebetshände.

| 24 | Einfache Einsamkeit

Kniend horche ich
ihrer leisen Wundmelodie.
Sie ist mein Engelsgesang.
Die fremden Narben
sind mein Heiligtum,
in dem Du Dich am sichersten verbirgst.
Der oberflächliche Tratsch
erklingt schmerzlich
in meinen Ohren.
Das Nachplappern der gängigen Meinungen
sättigt mich nicht.
Die obligatorische Korrektheit
ist mir ein fremdes Geld.
Die billigen Tagesmoden
kleiden mich nicht.
Du baust mir ein Haus
inmitten der belebten Siedlung auf.
Mein Schlafzimmer
bleibt jedoch
in Deiner linken Seite verborgen.
Den Menschen so nahe -
und doch so einsam.
Mit Tränen erfüllt -
und doch hoffend.
Ein geselliger Außenseiter.
Bei den Menschen stehend -
und Dich einatmend.
Ein heimatloser Nomade
in der feiernden Menge.
Halt eine priesterliche Seele.

Inhaltsverzeichnis

Printed by Books on Demand GmbH, Norderstedt / Germany